高等职业教育创新创业系列教材

创新创业基础与实践

主编　段丽华

参编　尤　佳　许　超　徐园园

主审　黄俊霞

机械工业出版社
CHINA MACHINE PRESS

本书共分为九个项目，分别为树立双创意识、开发创新思维、训练创新方法、识别创业机会、组建创业团队、筹集创业资金、构建商业模式、创办你的企业、管理你的企业。读者可以根据学习需要，灵活选取和学习相关的任务，并进行相应的复盘评价。

本书通过设计符合读者学习和阅读习惯的栏目体例，以活页形式立体呈现教学内容，帮助读者进行有重点的深度学习。

本书可作为职业教育专科和本科开展创新创业通识教育的教学用书。

为方便教学，本书配备了电子课件，凡选用本书作为教材的教师均可登录机械工业出版社教育服务网（www.cmpedu.com）下载，咨询电话：010-88379375。

图书在版编目（CIP）数据

创新创业基础与实践 / 段丽华主编. — 北京：机械工业出版社，2023.11
高等职业教育创新创业系列教材
ISBN 978-7-111-74351-4

Ⅰ. ①创…　Ⅱ. ①段…　Ⅲ. ①创业-高等职业教育-教材
Ⅳ. ①G717.38

中国国家版本馆CIP数据核字（2023）第220730号

机械工业出版社（北京市百万庄大街22号　邮政编码100037）
策划编辑：杨晓昱　　　责任编辑：杨晓昱
责任校对：曹若菲　李　婷　　封面设计：马精明
责任印制：郜　敏
中煤（北京）印务有限公司印刷
2024年1月第1版第1次印刷
184mm × 260mm · 10.75印张 · 208千字
标准书号：ISBN 978-7-111-74351-4
定价：44.80元

电话服务
客服电话：010-88361066
　　　　　010-88379833
　　　　　010-68326294

网络服务
机　工　官　网：www.cmpbook.com
机　工　官　博：weibo.com/cmp1952
金　　书　　网：www.golden-book.com
机工教育服务网：www.cmpedu.com

前言

党的二十大报告强调，要“深入实施科教兴国战略、人才强国战略、创新驱动发展战略”。纵深推进大众创业、万众创新是深入实施创新驱动发展战略的重要支撑。

大学生富有想象力和创造力，是创新创业的生力军，开展好面向大学生的“双创”教育、助力其全面融入创新创业实践具有重要意义。我们围绕教育部“创业基础”教学大纲的教学目标，并参考了大量的创新创业类教材和相关资料，编写了本书。本书具有以下特色：

一是以大思政教育为背景，突出思创融合和专创融合教育，普及创业的基本流程，并将大学生职业生涯规划与就业素质提升融入教材。

二是采用项目驱动教学法编写。每个项目设有能力与素质目标、任务发布、任务实施、案例分析、知识点拨、复盘评价等环节，使创新创业教育过程更加鲜活生动且规范。

三是集理论与实训为一体，目的是打破以教师为中心的教学模式，从而突出学生学习的主体地位，激发学生学习兴趣，通过双创实训和案例分析提升学生创新创业能力，对高职院校创新创业基础类教材进行结构、体例和教法的创新，满足教学需要。

全书共分为九个项目，分别为树立双创意识、开发创新思维、训练创新方法、识别创业机会、组建创业团队、筹集创业资金、构建商业模式、创办你的企业、管理你的企业。

本书由安徽机电职业技术学院段丽华担任主编，黄俊霞担任主审。编写分工如下：项目一、项目三由安徽机电职业技术学院尤佳编写，项目二、项目九由安徽机电职业技术学院徐园园编写，项目四、项目五、项目七由安徽机电职业技术学院段丽华编写，项目六、项目八由安徽机电职业技术学院许超编写。全书由段丽华统稿。

本书是2022年安徽省高校“三全育人”试点省建设暨高校思想政治能力提升计划项目——“基于‘三全育人’理念的思创融合课程育人模式研究”（编号：sztsjh–2022–4–28）和安徽省高职院校承接提质培优行动计划项目（任务）（编号：2020tzpy0405，2020tzpy50；负责人：段丽华）的研究成果。

在本书编写过程中，我们参考并借鉴了国内外相关著作、报刊、网站的有关资料，引用了许多研究成果，在此一并表示衷心的感谢。

由于编者能力所限，书中难免存在一些不足之处，殷切希望各位同仁和读者批评指正，以便进一步修订完善。

编　者

目　录

项目一 树立双创意识

能力与素质目标

- 具备主动创新意识以及创业潜质分析能力
- 树立科学的创新创业观，提高自身社会责任感和创业精神
- 学会撰写专业认知分析报告；能根据自身实际需求，设计相对合理的职业生涯规划路径，理解何谓岗位创新创业
- 具有创新创业者的科学思维能力
- 具备一定的社交能力，能有效提升信息获取与利用率

任务1 完成专业认知分析报告

任务发布

就业和创业的侧重点不同，对各种能力的要求也有所差异，没有绝对的优劣，关键看自己更适合哪条路。很多一毕业就创业的同学其实在校期间就已经有了清晰的想法并积累了一定的资源，简单地说，就是头脑里有想法的同学更适合创业。而适合就业的同学分两类：一是中规中矩的，二是暂时还没有找到努力方向的，这类同学适合先走入就业市场，了解当前市场是什么样子的，有了好的想法后再创业。

专业认知作为重要的教学环节，要求同学们在学习本专业各门课程之前，对本专业所从事的行业活动进行实地参观、了解，对本行业形成感性认识，使今后的学习能联系实际。通过专业人士的讲解，可以让我们对本专业的基础知识有一个良好的感性认识，了解专业概况。通过参观校内、校外的实训基地等一系列的活动，形成专业概念，为后续专业理论知识的学习奠定一个良好的基础，培养同学们对本专业的热爱，强化事业心和责任感，巩固专业思想。

让我们一起找专业人士聊一聊我们感兴趣的那个行业吧！

任务实施

第一步：请同学们先行查阅资料或询问自己的专业课老师，了解本专业的对口就业岗位有哪几类，并填入表 1-1 中。

表 1-1　了解专业及对口就业岗位

1. 我选择的二级学院： ______________________________ 2. 我选择的专业（全称）： ______________________________ 3. 本专业的人才培养目标： ______________________________ ______________________________ 4. 本专业毕业生常见就业岗位（创业方向）有： ______________________________ ______________________________ ______________________________

第二步：请同学们自行组队，提前预约某一位职场前辈（专业课老师或毕业生学长均可），按照图 1-1 的框架，填写表 1-2，完成行业认知分析报告。

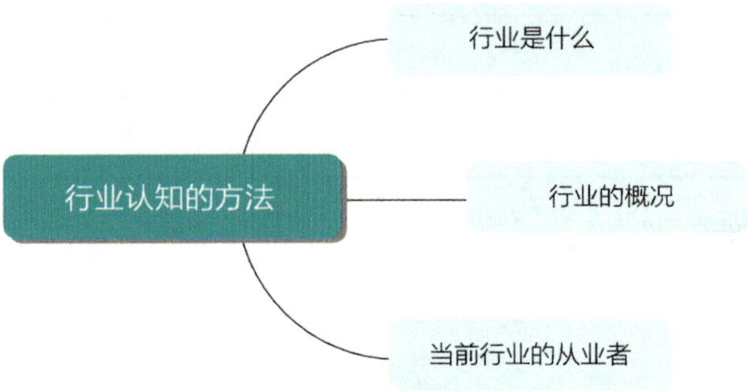

图 1-1　行业认知框架

表 1-2　行业认知分析报告

1. 该行业的代表产品是什么？

2. 这个产品能被细分成多少个种类？

3. 不同种类的产品面向的用户分别是哪些人？

4. 该产品从源头到终端的整个流程是怎样的？

5. 该行业 / 企业 / 产品为用户解决了什么问题？

6. 为什么这个行业能够存活？

（续）

7. 这个行业的盈利方式是什么样的？

8. 目前这个行业的龙头企业有哪几家？

9. 目前，该行业的上下游产业链的供需关系如何？

10. 该行业招收的实习生一般需要具备哪些基本条件和要求？

11. 这个行业更青睐拥有什么突出素质的人才？

任务2　制订职业生涯规划

任务发布

在完成行业调研与总体分析后，现在你是否对这个行业和自身所学专业有所了解？是想着就业，还是渴望创业呢？其实，就业和创业这两者并无本质区别，都是就业的方式，都需要开创进取的精神。由于每个人的条件不同，因此，理想的状态，应该是让适合创业的人去创业，适合就业的人去就业。

我们每个人对自己的过去、现在和未来都要有清醒的认识。你真的了解自己吗？请为自己制订职业生涯规划，即设置具有可行性的职业发展上升路径或创业蓝图。

任务实施

请在表 1–3 中填写自己的职业成长规划路径。

表 1–3　我的职业成长规划路径

我准备踏入的就业 / 创业领域：________________________________

路径如下：

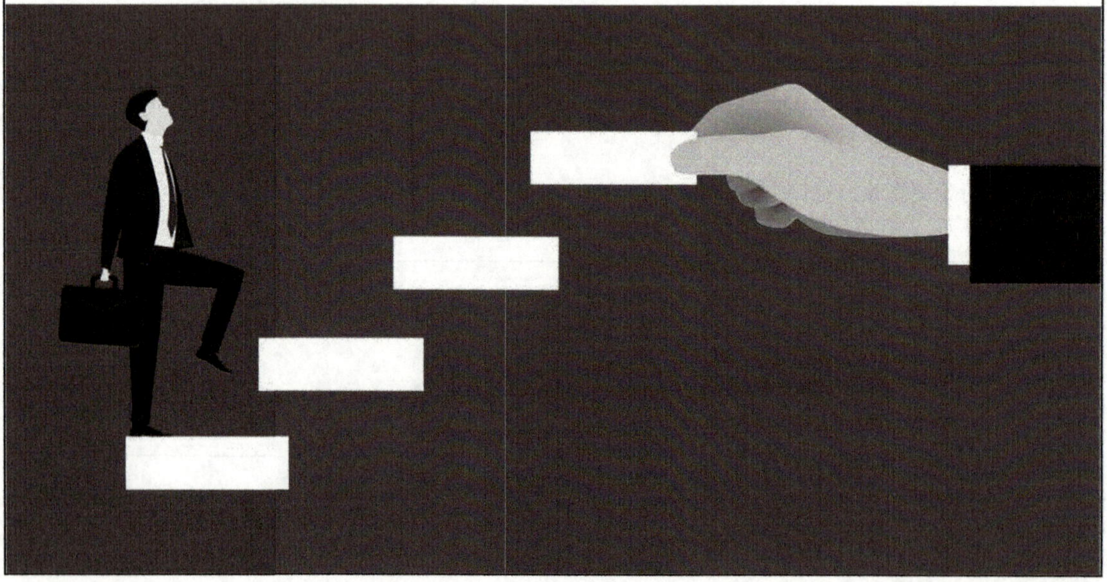

任务3　明确岗位创新创业

任务发布

一般意义上所说的创业，是狭义的创业，即自己创办一家公司，不管是个体工商户还是有限责任公司，不管是一家小店还是一个工作室，抑或是两三个人的小微企业，都是你对自己的收入负责，自己给自己发工资。

广义上的创业要宽泛得多，即创立属于自己的事业，任何在职场中的个人成长过程都可以称之为创业，而不仅仅指创办一家企业。这就是岗位创新创业，也叫企业内部创新创业，是指在从事岗位工作的同时，利用自身专业技能知识以及所掌握的资源进行创新创业活动。

岗位创业就是要让大家在学习专业知识的过程中，培育起利用专业知识与技能来开创一份事业的意识与能力。这份事业，可以是开创一个企业，也可以只是以一个创业者的心态在普通的岗位上工作。如果说创业是少数大学生才可能选择的人生梦想的话，那么从事一份职业是大多数大学生目前或今后必须面临的现实选择。以不同的心态与投入程度从事工作，每个人能达到的职业目标与境界也会截然不同。

你准备好岗位创新创业了吗？下面让我们一起来明确什么是岗位创新创业。

任务实施

现在让我们以学校主人的身份，进行一场有趣的创新发现、探索之旅，并填写表 1-4。

表 1-4　我给校长提建议

1. 说说我们的学校（增进对学校的了解，3 条以上）： __________ __________ __________ __________

（续）

2. 学校里的新发现（观察学校近期的可喜变化，可大可小，3 条以上）：

3. 在校园里生活的人们（侧重对信息的整理与分析，体现不同职业的特点）：

4. 我给校长提建议（树立主人翁意识，换个视角，面对校园活动的痛点、难点，提出建议，并分析其可行性，每人 3~5 条，集中讨论后上报 3 条大家都愿意做的活动，作为班级主题活动开展）：

5. 展望学校的未来（树立感恩意识，护校荣校，要有“我为学校而自豪，学校因我而精彩”的气魄）：

案例分析

中国宣纸的守正创新：轻似蝉翼白如雪 承笔载墨写春秋

宣纸自唐代诞生以来，一千多年来一直在安徽泾县传承。中国宣纸股份有限公司（以下简称“中国宣纸”）是全国最大的文房四宝生产企业、手工造纸领导企业，所产“红星牌”宣纸是中国驰名商标、地理标志产品。中国宣纸现有7大类共1200多种产品，年产宣纸500吨左右，占宣纸行业产量的80%左右。

1. 坚持“做好每一张纸”

始终将“质量品牌”放在生产经营的第一位。宣纸制作是典型的非标准化传统手工产业，流程多、序时长，要保证产品质量，必须依靠系统管理，形成合力抓质量。中国宣纸严格实施质量管理体系认证，导入《卓越绩效评价准则》国际标准，设立质量技术中心，建立周质量报告、月质量分析制度，及时发现质量问题，确保每一张纸都符合标准。

2. 坚持“传承工匠精神”

一张宣纸的制作需要花三年时间、108道工序，每一个环节都由人工操作。中国宣纸坚持让每一位员工牢固树立质量意识，在全体员工中开展“合理化建议”活动，设立“宣纸技师”和“高级技师”岗位，涌现出大国工匠2名，全国劳模2名，国家级传承人1名、省级6名、市县级8名，中国宣纸大师4名，全国五一劳动奖章、中国好人荣誉各2名，江淮工匠1名，宣城工匠5名，工匠精神得到了传承和弘扬。

3. 坚持“向科技要生产力”

中国宣纸加大科技创新投入，获专利100项，其中发明专利28项，巩固和提升了宣纸品质。中国宣纸还积极参与标准的制订，抢占市场竞争的“发言权”和“制高点”，并主动担当科技攻关，多次荣获省市级科技进步奖。

4. 坚持“树品牌形象”

中国宣纸注重传统媒体，同时拥抱新媒体，常态化开展淘宝直播、抖音直播，注重原创内容的发布，提升宣传与品牌营销。积极“引进来、走出去”，与中国美协、中国书协、国家博物馆、国家画院等艺术机构和各大艺术院校加强交流与合作，致力打造书画艺术交流平台。此外，中国宣纸不断完善品牌服务，积极参加上海世博会、进口博览会和品牌博览会，积极展示宣纸技艺，弘扬宣纸文化。

5. 坚持“商旅文化融合发展”

中国宣纸将宣纸技艺传承和保护列为首要任务，坚持“统一规划、分步实施”，致力打造“宣纸圣地、文创高地、艺术宝地、旅游胜地”。

【思考】

1. 你知道哪些中华老字号品牌？

2. 为什么人们常说“创业容易守业难”？

3. 你从中国宣纸的守正创新之路看到了哪些内容可被借鉴用于岗位创新创业？

【案例分析】

在中国商务部的指导下，老字号品牌积极创新，但新时代的创新，绝不能是“自以为是”的创新，也不能是浮于表面、流于形式、盲目抢“风口”的创新，更不能是与消费者的普遍认知大相径庭、标新立异的创新。老字号的创新，应当是传承弘扬中华优秀传统文化的创新，是对标先进理念、顺应市场机制的创新，是符合企业长期规划、取得市场普遍认同的创新。只有定准消费者认同、市场认可的“调子”，才能找到守正创新的“路子”。

知识点拨

知识点 1：创新

1. 创新的内涵

从广义上来讲，创新是指人类为了满足自身的需要，不断拓展对客观世界及其自身的认知与行为的过程和结果的活动。具体地讲，创新是指人为了达到一定的目的，遵循事物发展的规律，对事物的整体或其中的某些部分进行变革，从而使其得以更新与发展的活动。

美国经济学家、被称为“创新理论之父”的约瑟夫·熊彼特于 1912 年最先在德文版《经济发展理论》一书中提出了“创新理论（Innovation Theory）”，成为创新理论研究的鼻祖，他第一次把创新概念引入经济领域。熊彼特将创新定义为“生产要素和生产条件的一种从未有过的新的组合”，其目的是获得“企业家利润”或“潜在的超额利润”。

随后，被称为“现代管理学之父”的彼得·德鲁克从管理学的角度重新定义了创新：创新是一项赋予人力和物质资源以更新和更强创造财富的能力的任务。任何改变现存物质财富创造潜力的方式都可以被称为创新。创新本身就创造了资源。

2. 创新特征

创新的内在特征主要是立足现实、批判继承、尝试探索、标新立异，如图 1–2 所示。

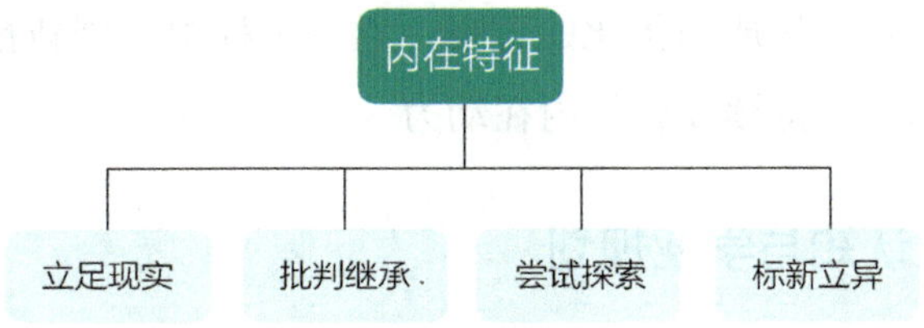

图 1-2　创新内在特征

知识点 2：创新与创业

1. 创新是创业的动力和源泉

创新是创业的动力和源泉，是创业的本质。创业通过创新拓宽商业视野，获取市场机遇，整合独特资源，推进企业成长。创新能力是最重要的创业资本，创业者在创业过程中需要具有持续旺盛的创新精神、创新意识，需要独特、活跃、科学的思维方式，这样才可能产生富有创意的想法或方案，才可能不断寻求新的思路、新的方法、新的模式、新的出路，最终获得创业成功。

2. 创新的价值往往体现于创业

创新的价值就在于将潜在的知识、技术和市场机会转化为现实生产力，实现社会财富增长，造福人类社会。通过创业则可以实现创新成果的商品化和产业化，将创新的价值转化为具体、现实的社会财富。创业者必须具有发现潜在商业机会并敢于冒险的特质，科技创新成果也必须经由创业者推向市场，使其潜在价值市场化，使创新成果转化为现实生产力。

3. 创业的本质是创新

创业应该是具有创业精神的个体与有价值的商业机会的结合，是开创新的事业，其本质在于把握机会，创造性地整合资源，创新和超前行动。创新包括技术创新、制度创新和管理创新。对于创业者及其所创建的企业来说，创新就是将新的理念和设想通过新产品、新流程、新的市场需求以及新的服务方式有效地融入市场中，进而创造新的价值和财富的过程。

4. 创业推动并深化创新

创业可以推动新发明、新产品或新服务的不断涌现，创造出新的市场需求，从而进一步推动和深化创新，提高企业或是整个国家的创新能力，推动经济增长。

创业的关键在于创新，创新是创业的源泉，持续创新必然推动和成就创业。创新和创业相辅相成，二者的动态融合以及相互影响对于创业成功和企业成长至关重要。创业和创新的融合是一个动态整合、集成与优化的过程，这一过程中，创新精神、创业能力和市场意识始终是创业成功和企业持续成长的内在动力。

知识点 3：专业认知与学业规划

1. 了解专业

专业与产业、行业、职业、事业是紧密联系的，专业与知识、技术、能力、素质也是不可分割的。从某种意义上说，选择了什么专业，就选择了什么样的工作岗位、生活方向、人生航道。正因为如此，我们必须懂得自己所走的这条道路通向何方，必须规划好未来的航程。尽管形势或生活的变化可能带来一定的微调，但从专业中所获取的精神与态度、风骨与品格、眼光与境界是伴随我们终生的。

人的一生中最重要的是选择、认知与规划。选择是取舍，是走哪条路的问题；认知是了解，是明确什么路、路上有什么的问题；规划则是具体设计方案，是怎么走、怎么到达的问题。认知、选择与规划是相辅相成的。选择了什么专业，就基本确定了职业方位，接下来就是要在总体了解和认知的基础上，进行精心筹划，确定实施方法和策略，并付诸行动。而学业则是从专业到达职业彼岸的一叶扁舟。因此，专业认知也好，职业规划也罢，其关键点在于学业。学业精通与否，决定了职业规划实现的高度、宽度与长度，从而也决定了人一生的厚度与精度。

2. 了解专业的 4 个步骤

专业建设作为职业教育与社会对人才需求的桥梁和纽带，是职业教育主动适应经济发展和产业升级的关键环节，事关职业院校的生存与发展。学校层面会从社会需求、办学定位、培养能力、规划目标等方面不断建设和完善专业，并告之学生，如表 1–5 所示。

作为一名高职学生，了解自己所报考并将为之奋斗的专业，有利于提升其学习的主观能动性，有助于学好、学深、学业有成。那么究竟如何去了解呢？可以通过表 1–6 中的 4 个步骤去了解。

表 1–5　学校层面对专业的建设

专业建设	告知内容
社会需求	明确开设该专业的理由
办学定位	确定人才培养的规格
培养能力	落实育人的软硬件条件
规划目标	明确专业发展的远景

表 1-6　学生层面对专业的了解步骤

步骤	探索内容
步骤①：专业课学什么	了解该专业的课程设置情况，对课程有总体了解
步骤②：试听课程	可自行检索网络课程，试听试学
步骤③：了解就业数据	前往就业网站检索就业数据、招聘信息、相关企业任职条件
步骤④：了解升学数据	对升学情况进行摸底了解（专升本、考研通过率等）

3. 学业生涯规划

从入学起，就应该思考自己的人生目标，思考个人所学专业未来的发展前景，需要掌握哪些知识和能力，以及与专业对口的工作都有哪些。真正了解自己，认清自身个性、兴趣和能力等优劣因素，从而趋利避害，并且在进一步衡量内在与外在环境的优势、限制的基础上，设计出合理且可行的职业生涯发展目标，清楚自己职业发展面临的优势与劣势，并为之不断地挑战自我、超越自我，不断挖掘自己的潜力，切实提高自己的综合素质，为将来走入社会做好准备。

学业生涯设计的方法如下：

第一步：了解情况。新生入学后，应该了解所在学院的历史、学院特色等相关情况。同时，需要从专业内涵、专业课程体系、教学条件等方面了解所学专业的情况。另外，还要了解自己所在系、班级等情况。

第二步：学习生涯设计的基本理论方法和设计技巧。

第三步：自我评估。大学生需要对自己的能力、兴趣和潜力做一个较为合理和全面的评估，不好高骛远，也不自暴自弃，更不随大流。

自我评估是解决“我能干什么”的问题。首先找出自己与众不同的地方并思考：我学习了什么？我曾经做过什么？我最擅长的是什么？其次要发现自己的不足，深入了解自己性格的弱点；知晓自己的经验与经历中所欠缺的方面。还要对社会需求、选择的组织以及人际关系进行分析。

第四步：确定学业生涯目标。在对自己的认识比较客观的基础上，对自己的学业生涯目标做恰当的设计。技能人才是支撑中国制造、中国创造的重要力量，是连接技术创新与生产实践最核心、最基础的劳动要素。所以高职学生应将成为技术能手作为自己努力的方向；本科是更高层次的学历，可以把专升本或成人高考当作自己近期最主要的目标；为了给自己积累就业资本，取得各种职业资格证书也是很必要的，如与专业相关的“1+X”证书、英语四级及六级证书等，在学有余力的情况下，考取驾驶证也不失为一个小目标。

第五步：制订方案。个人学业生涯确定后，还需要有具体的学习方案——学习计划，使目标落实到实处。这个学习计划包括三年中每学期的计划目标、行为计划与措施等。

第六步：写材料。如个人学业生涯报告、个人学业生涯表。

知识点 4：职业生涯规划

1. 职业生涯规划分类

职业生涯规划既包括个人对自己进行的个体生涯规划，也包括企业对员工进行的职业生涯管理体系。对个人来说，职业生涯规划可以使个人在职业起步阶段成功就业，在职业发展阶段走出困惑；对于企业来说，良好的职业生涯管理体系可以充分发挥员工的潜能，给优秀员工一个明确而具体的职业发展引导，从人力资本增值的角度达成企业价值最大化。

职业生涯规划一般划分为短期规划、中期规划和长期规划。短期规划为 3 年以内的规划，主要是确定近期目标。中期规划一般为 3~5 年，在近期目标的基础上设定中期目标。长期规划时间一般为 5~10 年，主要设定长远目标。

2. 职业生涯规划的 10 大原则

每个人都渴望成功，但并非都能如愿。我们要了解自己，有坚定的奋斗目标，并按照情况的变化及时调整计划，才有可能实现目标。这就需要进行职业生涯的自我规划。职业生涯规划的 10 大原则见表 1–7。

表 1–7　职业生涯规划 10 大原则

序号	原则	原则内容
1	清晰性原则	考虑目标措施是否清晰明确，实现目标的步骤是否直截了当
2	变动性原则	考虑目标或措施是否有弹性或缓冲性，是否能依据环境的变化而调整
3	一致性原则	考虑主要目标与分目标是否一致，目标与措施是否一致，个人目标与组织发展目标是否一致
4	挑战性原则	考虑目标与措施是具有挑战性，还是仅保持其原来状况
5	激励性原则	考虑目标是否符合自己的性格、兴趣和特长，是否能对自己产生内在激励作用
6	合作性原则	考虑个人目标与他人目标是否具有合作性与协调性
7	全程化原则	拟定生涯规划时必须考虑生涯发展的整个历程，作全程考虑
8	具体化原则	生涯规划各阶段的路线划分与安排必须具体可行

（续）

序号	原则	原则内容
9	实际性原则	实现生涯目标的途径很多，在作规划时必须要考虑自己的特质、社会环境、组织环境以及其他相关因素，选择可行的途径
10	可评量原则	规划的设计应有明确的时间限制或标准，可评量、检查，使自己随时掌握执行状况，并为规划提供参考依据

3. 职业生涯规划的步骤

职业生涯规划 6 大步骤如图 1–8 所示。

表 1–8　职业生涯规划 6 大步骤

序号	步骤	步骤内容
1	自我评估	包括对自己兴趣、特长、性格的了解，也包括对自己的学识、技能、智商、情商的测试，以及对自己思维方式、思维方法、道德水准的评价等。自我评估的目的是认识自己、了解自己，从而对自己所适合的职业和职业生涯目标做出合理的抉择
2	职业生涯机会的评估	评估周边各种环境因素对自己职业生涯发展的影响。在制订个人的职业生涯规划时，要充分了解所处环境的特点，掌握职业环境的发展变化情况，明确自己在这个环境中的地位以及环境对自己提出的要求和创造的条件等。只有对环境因素有充分的了解和把握，才能做到在复杂的环境中趋利避害，使职业生涯规划具有实际意义。环境因素评估主要包括组织环境、政治环境、社会环境、经济环境
3	确定职业发展目标	在确定职业发展目标时要注意自己的性格、兴趣、特长与选定职业是否匹配，更重要的是考察自己所处的内外环境与职业目标是否相适应。合理、可行的职业生涯目标的确立决定了职业发展中的行为和结果，是制订职业生涯规划的关键
4	选择职业生涯发展路线	在职业目标确定后，要选择向哪一条路线发展，比如是走技术路线，还是管理路线，又或者是走技术 + 管理即技术管理路线，还是先走技术路线、再走管理路线等。由于发展路线不同，对职业发展的要求也不同。因此，在职业生涯规划中，必须对发展路线做出抉择，以便及时调整自己的学习、工作以及各种行动措施，使其沿着预定的方向前进

（续）

序号	步骤	步骤内容
5	制订职业生涯行动计划与措施	行动是关键环节，指落实目标的具体措施，主要包括工作、培训、教育、轮岗等方面的措施。对应行动计划，可将职业目标进行分解，即分解为短期目标、中期目标和长期目标，其中短期目标可分为日目标、周目标、月目标、年目标。目标分解后有利于跟踪检查，同时可以根据环境变化制订和调整短期行动计划，并针对具体计划目标采取有效措施。 职业生涯中的措施主要指为达成既定目标，在提高工作效率、学习知识、掌握技能、开发潜能等方面选用的方法。行动计划要有相应的措施，要层层分解、具体落实，细致的计划与措施便于进行定时检查和及时调整
6	评估与回馈	影响职业生涯规划的因素很多，有的变化因素可以预测，而有的变化因素难以预测。在此状态下，要使职业生涯规划行之有效，就必须不断地对职业生涯规划执行情况进行评估。首先，要对年度目标的执行情况进行总结，确定哪些目标已按计划完成，哪些目标未完成。然后，对未完成的目标进行分析，找出原因及发展障碍，制订相应的解决对策。最后，依据评估结果对下年的计划进行修订与完善。如果有必要，也可考虑对职业目标和路线进行修正，但一定要谨慎

知识点 5：树立创新创业意识

1. 内创业（岗位创新创业）

1985 年美国学者吉福德·平肖三世首次使用了“内创业者（intrapreneur）”的概念。根据内创业主体活动内容的多寡，可以将内创业分为狭义的内创业和广义的内创业。

（1）内创业的内涵　狭义的内创业是对创业行为的进一步细化，既然创业行为强调的是“创造新业务”，那内创业强调的必然是“在创业基础之上实行的新业务的创造”。鉴于此，内创业被界定为“利用现存组织内的创业资源和雇员进行新业务活动的建立过程”，将内创业的重心着重放在新业务的创造上。

广义的内创业是指在一个现存组织内个体或团队进行新业务创造、技术创新、组织创新和战略更新等创造或创新活动的过程。其内涵不仅包括了“新业务的创造”，同时将技术和组织的创新以及发展战略等其他方面的更新包含在内，构成了企业内部的形式多样的内创业活动。

内创业活动是由内创业者主导的。所谓内创业者，是在现行公司体制内，发挥自己的创新精神和革新能力，敢于冒风险来促成公司新事物的产生，从而使公司获得利益的管理者。一方面，和组织中的管理者一样，内创业者具有管理者的综合特质，能够从整体着眼，为自己在组织内部创立的“下级组织”设定合理的发展目标，制定长远的发展战略，并且能够进行科学决策，将人员进行合理的配置，以此达到优化资源配置、节约运营成本和实现效益最大化的目的，为整个组织的发展争取最大的竞争优势；另一方面，作为组织内部的创业者，内创业者和创业者一样必须具备相应的创新创业意识。彼得·德鲁克曾指出：把创新和企业家精神的焦点局限在新的企业家身上就过分狭窄了，如果新企业家是创新的主要或唯一中心，那么我们的社会就不可能生存下去。在创新创业精神的激励下，内创业者同样可以发挥自己的优势和特长，利用组织的现有资源实现内部创业。

（2）创业者与内创业者的区别　表 1–9 从范畴和结果、创业自由度、团队依赖性、决策权、工作难度、创业风险 6 个角度，阐述了创业者和内创业者的区别。

表 1–9　创业者与内创业者的不同

6 个角度	创业者	内创业者（岗位创新创业者）	二者比较分析
范畴和结果	创办新的企业	在原有企业内部进行创新创业	前者，形成新组合、创业颠覆性 后者，主要推动企业创新发展
创业自由度	创造企业制度和环境	受到已有制度的约束，个人创造力较小	相对于创业者，内创者受到的组织限制更多，但也能得到更多的政策、资源支持
团队依赖性	有依赖性	有依赖性	内创者对团队依赖度更大
决策权	全权决策	寻求组织和团队支持	创业者拥有更大的决策权
工作难度	大	大	创业本身就有难度，但是相对而言，内创业者因其所受约束较多，难度会更大
创业风险	有风险	有风险	相对而言，内创者因有组织对其创新创业项目进行把关、提供相关支持、对未知和不确定性进行提前评估，所以风险相对较小

2. 培养越来越多的岗位创新创业者

高校的创新创业教育是培养具有企业家精神和创新意识人才的重要手段。同学们在条件还不太成熟的情况下，不妨先尝试以就业者的身份融入企业中，凭借自己过硬的专业特长和创新意识，在几年的时间内逐渐进入企业的管理层，进而在企业内部亲自率领团队进行创新和创业。这样的企业内创业者，往往是企业内部创业精神和创新意识的最佳体现者和实践者，将来还可能是企业重要部门的领导者甚至是最佳 CEO（首席执行官）人选，成为企业可持续发展的一支重要力量。

复盘评价

项目名称	树立双创意识	姓名		日期	
班级		团队成员			

请团队成员交叉评价彼此学业生涯规划路径和职业选择的契合度和可操作度。

评价指标	评价要素	分值	自我评价 30%	组内互评 30%	教师评价 40%
任务执行	是否认真思考，是否在规定时间内完成全部任务	15			
思维训练	在任务 3 中，能否发现别人没有发现的校园活动痛点、难点，并提出合理的解决方案	20			
技能提升	在任务 1 中，能否综合运用各种手段和方法，检索到有用的行业信息	20			
沟通表达	是否表达清晰，表述恰当	30			
反思改进	在任务实施过程中是否能认识到自身的优势和不足，改进不足的方法和计划是否可执行	15			
合计		100			

项目二
开发创新思维

能力与素质目标

- 了解创新思维的内涵及特点
- 理解思维创新的基本步骤
- 了解发散思维、形象思维、互联网思维的内涵、特征和形式
- 掌握培养发散思维、形象思维、互联网思维的方法

任务1 训练发散思维

任务发布

“清晨入古寺，初日照高林。曲径通幽处，禅房花木深。”“深山藏古寺”一直都是文人墨客争相描摹的胜境。宋徽宗在担任“翰林图画院”院长期间，就以唐人诗句“深山藏古寺”为题，要求画家以此作画，画中的古寺既要“藏”起来，又要让人觉得它是存在的。姓李的画家画了深山又画古寺，结果画成了“深山和古寺”；姓吴的画家只画了深山，没有画古寺，结果画成了“深山无古寺”；姓孙的画家画了深山，并画了古寺的一角，这叫“深山露古寺”；只有姓王的画家经过冥思苦想，终于画了一幅符合题意的画。

你知道他是怎么画的吗？接下来，请同学们在老师的指导下，一起完成以下任务。

任务实施

第一步：组建团队，6~8 人为一个小组。

组　长：________________

组　员：________________

第二步：头脑风暴，将讨论产生的所有观点记录下来。

第三步：代表汇报，每组推选一名学生代表汇报讨论结果。

第四步：教师点评，总结发散思维使用的要点及注意事项。

任务2 训练形象思维

任务发布

苍蝇携带病原体传播疾病，是害虫。但是我们可以应用形象思维，把苍蝇身体的独特结构和功能应用起来。苍蝇的楫翅（又叫平衡棒）是“天然导航仪”，人们模仿它制成了“振动陀螺仪”。这种仪器安装在火箭和高速飞机上，可以实现自动驾驶。苍蝇的眼睛是一种“复眼”，由3000多只小眼组成……人们模仿复眼又制成了什么呢？

接下来，请同学们在老师的指导下，完成以下任务。

任务实施

请同学们充分发挥想象力，运用形象思维思考人们可以模仿苍蝇“复眼”制成什么。

任务3　训练互联网思维

任务发布

互联网思维，就是在移动互联网、大数据、云计算等科技不断发展的背景下，对市场、用户、产品、企业价值链乃至整个商业生态都进行重新审视的思考方式。

接下来，请同学们利用互联网查找主题为“互联网思维”的案例，并制作演示文档进行汇报。

任务实施

第一步：组建团队，6~8 人为一个小组。

组　别：	
组　长：	
组　员：	

第二步：案例分享，各小组选派一名学生进行汇报展示。

第三步：教师点评，包括演示文档制作、汇报演讲注意事项等。

案例分析

鲁班发明锯的故事

相传有一年，鲁班接受了一项建造一座巨大宫殿的任务。这座宫殿需要很多木料，鲁班就让徒弟们上山砍伐树木。由于当时还没有锯子，他的徒弟们只好用斧头砍伐，但这样做效率非常低，工匠们每天起早贪黑拼命干，累得筋疲力尽，也砍伐不了多少树木，远远不能满足工程的需要，导致工程进度一拖再拖。眼看着工程期限越来越近，这可急坏了鲁班。

为此，他决定亲自上山察看砍伐树木的情况。上山的时候，由于他不小心，无意中抓了一把山上长的一种野草，一下子将手划破了。鲁班很奇怪，一根小草为什么这样锋利？于是他摘下了一片叶子细心观察，发现叶子两边长着许多小细齿，用手轻轻一摸，这些小细齿非常锋利。他明白了，他的手就是被这些小细齿划破的。后来，鲁班又看到一只大蝗虫在一株草上啃吃叶子，两颗大板牙非常锋利，一开一合，很快就吃下一大片。这同样引起了鲁班的好奇心，他抓住一只蝗虫，仔细观察蝗虫牙齿的结构，发现蝗虫的两颗大板牙上同样排列着许多小细齿，蝗虫正是靠这些小细齿来咬断草叶的。

这两件事给鲁班留下了极其深刻的印象，也使他受到很大启发。他想，如果把砍伐木头的工具做成锯齿状，不是同样会很锋利吗？砍伐树木也就容易多了。于是他就用大毛竹做成一条带有许多小锯齿的竹片，然后到小树上去做试验，结果果然不错，几下子就把树皮拉破了，再用力拉几下，小树干就划出一道深沟，鲁班非常高兴。但是由于竹片比较软，强度比较差，不能长久使用，拉了一会儿，小锯齿就有的断了，有的变钝了，需要更换竹片。这样就影响了砍伐树木的速度，使用竹片太多也是一个很大的浪费。看来竹片不宜作为制作锯齿的材料，应该寻找一种强度、硬度都比较高的材料来代替它，这时鲁班想到了铁片。于是他们立即下山，请铁匠们帮助制作带有小锯齿的铁片，然后到山上继续实践。鲁班和徒弟各拉一端，在一棵树上拉了起来，只见他俩一来一往，不一会儿就把树锯断了，又快又省力，锯就这样发明了。因为鲁班在木工领域的创新精神和创造性贡献，后来他被尊称为木匠行业的祖师爷，为后世所纪念。

【思考】

1. 该案例给我们什么启示？

2. 分小组讨论案例，归纳思维创新的基本步骤。

【案例分析】

1. 创新来源于观察和想象。鲁班通过观察“长着利齿的叶子”，从中得到启发，并联想到“齿状的工具能很快地锯断树木”，于是鲁班发明了锯。诸如此类实践中的行动与思考，帮助鲁班发明了曲尺、墨斗、刨子、凿子等各种工具。

2. 思维创新以发现问题为中心，以解决问题为目标。一般经历准备阶段、酝酿阶段、顿悟阶段和验证阶段。

知识点拨

知识点 1：创新思维

党的二十大报告指出，“紧跟时代步伐，顺应实践发展，以满腔热忱对待一切新生事物，不断拓展认识的广度和深度，敢于说前人没有说过的新话，敢于干前人没有干过的事情，以新的理论指导新的实践”，高度概括了创新思维的本质要求。在推进马克思主义中国化时代化的进程中，中国共产党人始终坚持运用创新思维，坚持与时俱进，推动马克思主义基本原理同中国具体实际相结合、同中华优秀传统文化相结合，不断推进理论创新和实践发展。那么，什么是创新思维呢？

1. 创新思维的内涵

创新思维，又称创造性思维，是创造者利用已掌握的知识和经验，综合运用多种思维方式，从某些事物中寻找新关系、新答案，创造新成果的高级的、综合的、复杂的思维活动。简而言之，创新思维是产生前所未有的思维新结果、达到新的认识水平的思维，关键在于是否产生了崭新的结果。

创新思维是相对于常规性思维而言的。常规性思维是从已有的知识和经验中引申出解决问题的方案，或者运用已有的知识和经验去重复地解决前人已经解决的问题。而创新思维不是照搬书本知识和过去的经验去解决问题，而是根据实际情况，突破理论权威及现成的规律、方法和思维定式的束缚，以新颖的方式和多维的角度独立思考、首创性地解决问题。

创新思维包括转换思维、逆向思维、发散思维、跳跃思维等，都能够给我们带来创新的灵感。比如，司马光砸缸的故事，司马光面对落水的小伙伴，他没有拘泥于常规的“救人离水”的思维模式，而是运用逆向思维，用石头把缸砸破来救出小伙伴。比如，现代社会人们越来越背离博弈论中的“ 零和规则”，而是运用发散思维的模式，努力达成竞争中的“互赢”甚至“多赢”局面。又比如，我们常说的“羊毛出在猪身上”则是信息社会里面跳跃思维的生动实践，许多互联网公司并不靠主业获取利润，而是通过第三方业务实现其盈利模式。

综上所述，创新思维是指以新颖独创的方法解决问题的思维过程，通过这种思维能突破常规思维的界限，以超常规甚至反常规的方法、视角去思考问题，提出与众不同的解决方案，从而产生新颖的、独到的、有社会意义的思维成果。

2. 创新思维的特点

（1）传统上的突破性　追求创新是创新思维的本质，而要创造出新成果，往往需要创造者在思维的某些方面有所突破，可以说，突破性是创新思维最明显的一个特征。突破性主要体现在三个方面：一是创造者突破原有的思维框架，二是创造者突破已有的思维定式，三是超越人类既存的物质文明和精神文明成果，如爱因斯坦突破了牛顿经典力学的静态宇宙观去思考，从而创立了“狭义相对论”，就属于对既存精神文明成果的突破。

（2）思路上的新颖性　创新创业的本质是求异、求新，寻找前所未有的特征。思维结论超越了原有的思维框架，具有独到之处。更新知识和理念，发现新原理、新规律，对改变人类的生活方式和促进社会进步起着重要的作用。

（3）程序上的非逻辑性　这是指创造性思维往往是在超出逻辑思维，出人意料地违反常规的情形下出现的。虽然看似不严密或暂时说不出什么道理，但创造性思维的产生常常具有跳跃性，省略了逻辑推理的中间环节。例如，当德国科学家马克思·普朗克首创量子假说时，连他自己也感到茫然不知所措，甚至怀疑这个假说的真实性。

（4）视角上的灵活性　创新思维表现为视角能随着条件的变化而转变；能摆脱思维定式的消极影响；善于变换视角看待同一问题，善于变通与转化，重新解释信息。它反对一成不变的教条，而是根据不同的对象和条件，具体情况具体对待，灵活应用各种思维方式。

（5）内容上的综合性 创新思维是许多因素结合在一起的综合性思维活动，包括知识信息因素、智力因素、能力因素、个性因素以及身体因素等。

3. 创新思维的基本步骤

心理学家华莱士认为，创新思维是以发现问题为中心、以解决问题为目标的高级心理活动，他提出的创新性思维形成的四阶段模式。

1）准备阶段。提出问题、搜集各种材料、进行思考的过程，这是创新思维的第一阶段。从事创造活动，首先要提出有价值的问题，其次创造者要有意识地收集资料、挑选信息，或进行一些初步的反复试验，认识问题的特点，通过反复思考和尝试来努力解决问题。如爱迪生为了发明电灯，搜集资料整理成的笔记有两百多本，达四万多页。

2）酝酿阶段。对准备阶段所收集的各种事实和资料进行分析，明确问题的关键，提出解决问题的各种假设和方案，并对其做出评价。

3）顿悟阶段。由于经过前一阶段的充分酝酿，在长时间的思考后，思维常常会进入豁然开朗的境地，从而使问题突然得到解决。这种现象在心理学上称为顿悟或灵感。

4）验证阶段。该阶段主要是设计、安排实验与观察，检验新结论是否正确。经验证后，有时方案得到确认，有时方案得到改进，有时甚至被否定，再回到酝酿阶段。

知识点 2：发散思维

1. 发散思维的内涵

发散思维又称辐射思维、扩散思维或求异思维，是一种非逻辑思维、跳跃式思维，是在思维过程中以某一问题为中心，沿着不同的方向、不同的角度向外扩散的一种思维方法。发散思维表现为思维视野广阔，思维呈现出多维发散状。如“一题多解”“一事多写”“一物多用”等方式，不少心理学家认为，发散思维是创新思维最主要的特点，也是测定创造力的主要标志之一。美国心理学家吉尔福特在研究智力三维结构模型时，对创造力所涉及的思维能力进行了实证研究，他认为创新思维的核心就是发散思维。浙江大学王加微先生认为发散思维就是在思维过程中充分发挥人的想象力，突破原有知识圈，从一点向四面八方想，通过知识和观念的重新组合，找出更多更新的可能答案、设想和解决办法。

心理学家曾做过这样的试验：在黑板上画一个圆圈，问在座学生这是什么？其中大学生的回答很一致：这是一个圆。而幼儿园的小朋友则给出了各种各样的答案：太阳、皮球、镜子……可谓五花八门。或许大学生的答案更加符合所画的图形，但是比起幼儿园的孩子来说，他们中的很多人已经缺失了思维发散的能力。大学生对很多事物都已经习以为常，形成了思维定式，遇问题常常用单一常规的方法去思考，而这样的思维方式在解决问题时常常不奏效，常常需要多方位、多角度的思考问题才可以找到问题的答案，这就是发散思维。

2. 发散思维的特征

（1）流畅性　它是指在尽可能短的时间内生成并表达出尽可能多的思维观念，以及较快地适应、消化新的思想观念。机智与流畅性密切相关，流畅性反映的是发散思维的速度和数量特征。发明家爱迪生就是一个思维非常敏捷的人，据说他在发明白炽灯时，为了解决灯丝材料问题，提出了几千种解决办法，使用多种发散思维途径和方法，终于找到适用的材料。

（2）变通性　它是指克服个体已有的思维框架和定式，按照某种新视角、新观念、新途径来思考问题的思维特征。变通性需要借助横向类比、跨域转化、触类旁通，使发散思维沿着不同的方面和方向扩散，表现出极其丰富的多样性和多面性。

（3）独特性　它指人们在发散思维中做出异于他人的新奇反应的能力。这一能力可以使思维突破常规和经验的束缚，获得新颖的、独特的创造成果。

三个特征相互关联，思维的流畅性是其他两个特征产生的前提；变通性则是提出具有独特性新设想的关键；独特性是发散思维的最高目标，是在流畅性和变通性基础上形成的。没有发散思维的流畅性和变通性，也就没有它的独特性。

3. 发散思维的形式

（1）多路思维　多路思维就是根据研究对象的特征，人为地分成若干路，然后一路一路地考虑，以获得更多解决方案的发散思维。

（2）立体思维　立体思维就是考虑问题时突破点、线、面的限制，从上下左右、四面八方去思考问题，在三维空间解决问题。立体思维在日常生活和生产中是常见的现象。例如，在水产业中，根据各种鱼的习性，合理搭配饲养的鱼种，可以充分利用鱼塘的空间，提高单位面积产量。

4. 培养发散思维的方法

发散思维是创新思维的核心，有效训练发散思维的方法如下。

（1）功能扩散　以某种事物的功能为扩散点，设想出获得该功能的各种可能性。例如："照明"有多少种方法？答案是油灯、白炽灯、汽灯、LED 灯、太阳能灯、蜡烛、手电筒、火柴、火把、萤火虫等。

（2）用途扩散　以某件物品的实际用途为扩散点，尽可能多地想象它的用途。例如：报纸有多少种用途？答案是传播信息和知识、糊信封、做道具、当收藏品等。

（3）结构扩散　以某种事物的结构为扩散点，设想出利用该结构的各种可能性。例如：什么物体是半圆形结构？答案是拱形桥、房顶、汽车顶、洗手盆、降落伞、铁锅、灯罩等。

（4）形态扩散　以事物的形状、颜色、音响、味道、明暗等为扩散点，设想出利用某种形态的可能性。例如：红色有什么用途？答案是信号灯、旗帜、墨水、纸张、衣服、五角星、印泥、指甲油、口红、油漆、灯笼等。

（5）组合扩散　从某一事物出发，尽可能多地设想与另一事物（或一些事情）联结成具有新价值（或附加价值）的新事物的各种可能性。例如：汽车可以同哪些物件组合？答案是喷药机、冷冻机、垃圾箱、集装箱、通信设备、油罐等。

（6）方法扩散　以解决问题或制造物品的某种方法为扩散点，设想出利用该方法的各种可能性。例如："吹"可以办哪些事或解决哪些问题？答案是除尘、降温、演奏乐器、传递信息、制作产品等。

（7）因果扩散　以某个事物发展的结果作为扩散点，推测造成此结果的各种原因；或以某个事物发生的起因作扩散点，推测可能发生的各种结果。例如：玻璃板破碎有哪些原因？答案是撞击、敲打、棒打、重压、震裂、炸裂等。

（8）关系扩散　从某一事物出发作为扩散点，尽可能多地设想与其他事物的各种联系。例如：人与蛇的关系有哪些？答案是蛇皮可以制乐器，蛇肝、蛇毒可以制成药，蛇肉可以食用，蛇可以帮人灭鼠除害，毒蛇咬人可以致伤甚至致死。

知识点 3：形象思维

1. 形象思维的内涵

形象思维是指人们对事物只应用直观形象的表象来思考和解决问题的思维方法，也称作直感思维。所谓形象，就是模样、颜色、声音、气味、味道、软硬等通过视觉、听觉、嗅觉、味觉、触觉可以直接感受，是看得见、听得清、闻得出、尝得着、摸得到的，是客观的、具体的、直感的。所谓表象就是先前感知过的事物形象在头脑中再现的过程。当我们讨论午餐吃什么时，即使没有在饭堂或餐厅，我们也能想象出所讨论菜式的色香味；当《梁祝》这支曲子在耳边响起时，我们会跟着旋律体会着梁山伯与祝英台的情绪波动；说起凡·高，就仿佛看到金黄头的向日葵和麦田；说起柴可夫斯基，就仿佛看到了淘气的"小天鹅"们。这一切都是表象，都是留在我们心中的曾经遇到过、接触过的事物的形象信息。

在思维内容上，形象思维是对具体、客观的形象进行感受和存储；在思维加工过程中，形象思维需要结合主观的认识和情感，进行实用的、科学的或审美的判断；在表现形式上，形象思维采取创造性的形式、手段和工具来输出，包括文学语言、线条色彩、节奏旋律、操作工具等。因此，形象思维是一种以具体的形象、图像、声音或感受等为内容的思维形态，是一种复杂的多途径、多回路、非线性、立体化的思维方式。

形象思维不仅是创新思维的一种形式，也是直接的创新技法。举例是人们生活中最常用的形象思维工具，也是一种强有力的工具。尤其是在解释一些比较复杂、深奥的抽象概念时，举例往往就成了理解这些抽象概念的突破口。图示也是个很好的形象思维的手段，俗话说“一张图胜似千言万语”。当我们演算一个较复杂的数学或物理问题时，如能根据题意条件首先画出一个示意图，然后根据这个图形进行分析，就能够比较容易得出求解的具体方案。

2. 形象思维的特征

（1）形象性　形象性是形象思维最基本的特点。形象思维所反映的对象是事物的形象，思维形式是意象、直感、想象等形象性的观念，其表达的工具和手段是能为感官所感知的图形、图像、图式等形象性的符号。形象性使它具有生动性、直观性和整体性的优点。

（2）非逻辑性　形象思维主要通过具体形象和感性经验的比较和联想，进行思维活动。它不像抽象（逻辑）思维那样，通过概念和符号的组合和变换，进行逻辑推理和归纳。形象思维是或然性或似真性的思维，思维的结果有待于逻辑的证明或实践的检验。

（3）粗略性　形象思维对问题的反映是粗线条的反映，对问题的把握是大体上的把握，对问题的分析是定性的或半定量的。所以，形象思维通常用于问题的定性分析。而抽象思维可以给出精确的数量关系，所以在实际的思维活动中，往往需要将抽象思维与形象思维巧妙结合、协同使用。

（4）想象性　想象是思维主体运用已有的形象形成新形象的过程。形象思维并不满足于对已有形象的再现，它更致力于追求对已有形象的加工，从而获得新形象产品的输出。所以，想象性使形象思维具有创造性的优点。这也说明了一个道理：富有创造力的人通常都具有极强的想象力。

3. 形象思维的形式

形象思维是客观事物的外在特点和具体形象在人们头脑中的反映。它表现为想象思维、联想思维、直觉思维和灵感思维。

（1）想象思维　想象思维是指人脑对储存的形象进行加工、改造或者重组，从而形成新形象的思维活动，是对形象思维的一种运用。戏剧家萧伯纳认为，想象是一切创造的开始。爱因斯坦则表示，想象比知识更重要，因为知识是有限的，而想象则可以抵达无限。事实上，对于大部分具有创造性的活动来说，想象力都是不可或缺的，并且往往起着至关重要的作用。

想象思维可分为无意想象和有意想象，有意想象包括再造性想象、创造性想象和幻想。

1）无意想象。无意想象是不受意识主体支配的想象。思维主体没有特定的目的性，可以让思维的翅膀任意飞翔，达到一种非常自由的状态，如做梦，英国剑桥大学哈钦森教授根据大量的问卷调查得出，有 70% 有贡献的学者回答：在他们的创造性活动中，梦境发挥了重要的启示作用。

2）再造性想象。再造性想象是指根据别人或语言、文字、图样的描述，在头脑中形成相应的新形象的心理过程。电影演员根据剧本的剧情、对白及导演的启示，想象出该角色当时的心理状态，警察根据受害者的陈述想象出犯罪嫌疑人的长相特征等，这就是再造性想象。

3）创造性想象。创造性想象是指完全不依据现成的描述和引导而独立地创造出新形象的思维过程。作家在头脑中构成新的典型人物形象就属于创造性想象。鲁迅笔下的阿Q、祥林嫂和狂人等都是这样的艺术形象。

4）幻想。幻想也叫憧憬性想象，它是一种对美好的未来，对希望的事物，对某种成功的向往，是创造想象的一种特殊形式。它由个人愿望或社会需要而引起，如科幻小说和科幻电影。

（2）联想思维　所谓联想思维，就是根据当前感知到的事物、概念或现象，想到与之相关的事物、概念或想象的思维活动。更具体地说，联想就是根据输入的信息，在大脑的记忆库中搜寻与之相关的信息，或者利用大脑记忆库中的一些信息形成与之相关的新信息的过程。搜寻的结果主要是再现，但形成新信息则是创造。

联想思维可分为相关联想、相似联想、类比联想、对称联想和因果联想。

1）相关联想。相关联想是由给定事物联想到经常与之同时出现或在某个方面有内在联系的事物的思维活动。例如，瓦特由于蒸汽推动汽盖运动而产生联想，发明了蒸汽机。

2）相似联想。相似联想是从给定事物想到与之相似的事物（形状、功能、性质等方面）的思维活动。例如，从油炸元宵可以联想到与之形状相似的乒乓球，从飞鸟可以联想到与之功能相似的飞机，从香味可以联想到与之气味属性相似的花。相似联想能促使人们产生创造性的设想和成果。例如，1903 年，两位美国发明家莱特兄弟成功制造飞机。当时，飞机虽然上了天，可是还有一个难题没有解决，就是怎样使飞机在空中拐弯的时候能够保持机身平稳。当他们观察到一种老鹰飞行的时候，问题迎刃而解。他们仿照老鹰的羽翼制作了后缘能够弯折的机翼。现代飞机的机翼正是从莱特兄弟发明的这种机翼发展而来的。

3）类比联想。类比联想是指对一件事物的认识引起对和该事物在形态或性质上相似的另一事物的联想。由于这种联想是借助于对某一事物的认识，通过比较它与另一类事物的某些相似之外，达到对另一事物的推测理解。例如，古埃及人用不断地转动链条来运送水桶的方法灌溉田地。1783 年，英国人埃文斯把这个方法运用到磨坊里去传送谷粒。他根据类比完成了从运送液体（水）到传送固体（谷粒）的经验转移。

4）对称联想。对称联想是由给定事物联想到在空间、时间、形状、特性等方面与之对称的事物的思维活动。1901 年出现的除尘器是吹式的，当在伦敦某火车站的一节车厢里表演时，这种除尘器工作时使车厢里尘土飞扬，叫人透不过气来。这个现象引起赫伯布斯的注意，他想，吹尘不行，那么反过来吸尘行不行呢？经过试验，他发明出了带灰尘过滤装置的真空负压吸尘器。

5）因果联想。因果联想是指由事物的某种原因而联想到它的结果，或指由一个事物的因果关系联想到另一事物的因果关系的联想。如美国工程师斯波塞在做雷达起振实验时，发现口袋里的巧克力熔化了，探究其原因，发现是雷达发射时的微波造成的，找到因果关系后，他联想到可以用微波加热食品，于是发明了“微波炉”。

（3）直觉思维　直觉思维是一种未经逐步分析，而是凭借已有的知识与经验，便能对问题的答案做出迅速而合理的判断的一种思维方式。它是一种无意识的、非逻辑的思维活动。美国化学家普拉特和贝克曾经采用填调查表的方式对化学家进行调查，有 232 名化学家向他们递交了调查表，其中有 33%的人说在解决重大问题时经常有直觉出现，50%的人偶尔有直觉出现，17%的人未有此现象。这种调查至少在某种数据上表明了直觉在创造中的重要地位。

（4）灵感思维　灵感思维是指凭借直觉而进行的快速、顿悟性的思维。它不是一种简单逻辑或非逻辑的单向思维运动，而是逻辑性与非逻辑性相统一的理性思维整体过程。

灵感思维是人们在文艺创作、科学研究中因创造力突然达到超水平发挥的一种特定心理状态。钱学森说：“如果把非逻辑思维视为形象思维，那么灵感思维就是顿悟，实际上是形象思维的特例。灵感的出现常常带给人们渴求已久的智慧之光。”例如，德国化学家凯库勒长期从事苯分子结构的研究，一天由于梦见蛇咬住了自己的尾巴形成环形而突发灵感，得出苯的六角形结构式。因此，灵感不是唯心的、神秘的东西，它是客观存在的，是思维的特殊形式，是一种使问题一下子澄清的顿悟。科学史上许多重大难题往往就是靠这种灵感的顿悟，奇迹般地得到解决的。

4. 训练形象思维的方法

（1）利用生活情境丰富表象　扩大对自然和人类活动中事物形象的掌握，有意识地观察事物形象，广泛积累表象材料，丰富表象储备。

（2）借助生活题材展开联想　借助生活题材开展联想时，应注意运用实物与示意图启发接近联想，借助生活现象展开类似联想与因果联想，借助生活经验展开自由联想。

（3）建构知识整体学习法　先把握知识结构层次和整体框架，然后把握知识或事物的重点，分清重点和细节部分，再集中精力理解并掌握知识重点和整体结构。

知识点 4：互联网思维

1. 互联网思维的内涵

互联网思维，就是在互联网 +、大数据、云计算等科技不断发展的背景下，对市场、用户、产品、企业价值链乃至对整个商业生态进行重新审视的思考方式。

最早提出互联网思维的是百度公司创始人李彦宏，他在百度的一个大型活动上提到："我们这些企业家们今后要有互联网思维，可能你做的事情不是互联网，但你的思维方式要逐渐从互联网的角度去想问题。"

2. 互联网九大思维

（1）用户思维　用户思维是互联网思维的核心，是指在价值链各个环节中都要"以用户为中心"去考虑问题。在互联网蓬勃发展的今天，用户思维显得格外重要。因为互联网消除了信息不对称，使得消费者掌握了更多的产品、价格、品牌方面的信息，互联网的存在使得市场竞争更为充分，市场由厂商主导转变为消费者主导。作为厂商，必须从市场定位、产品研发、生产销售乃至售后服务整个价值链的各个环节，建立起"以用户为中心"的企业文化，不能只是理解用户，而是要深度理解用户，只有深度理解用户，企业才能生存。

（2）简约思维　简约思维是指在产品规划和品牌定位上，力求专注、简单；在产品设计上，力求简洁、简约。在互联网时代，信息爆炸，消费者的选择太多，选择时间太短，用户的耐心越来越不足，而转移成本太低。线下一家门店出来再进入下一家，线上只需要点击一下鼠标，转移成本几乎为零。简约就是专注，少即是多；简约即是美，要学会时常做减法。

（3）极致思维　极致思维就是把产品和服务做到极致，把用户体验做到极致，超越用户预期。极致思维要求企业打造让用户尖叫的产品。同时，服务即营销，除了产品本身，服务及其他产品周边的体验也同等重要，也要做到极致。

（4）迭代思维　迭代思维是指对创新流程的理解，互联网变化太快，没有太多时间来做计划、做调查，所以我们可以实时关注消费者需求，根据消费者需求的变化进行微创新，小步快跑，快速迭代。“微”，要从细微的用户需求入手，贴近用户心理，在用户参与和反馈中快速改进。只有快速地对消费者需求做出反应，产品才更容易贴近消费者。

（5）流量思维　流量思维是对业务运营的理解。流量是互联网公司的生命之源，流量意味着体量，体量意味着分量。流量的获取需要注意以下两点：一是免费。免费是为了更好地收费互联网产品，免费往往成了获取流量的首要策略，互联网产品大多不向用户直接收费，而是用免费策略极力争取用户、锁定用户。二是坚持到质变的“临界点”。任何一个互联网产品，只要用户活跃数量达到一定程度，就会开始产生质变，从而带来商机或价值。

（6）社会化思维　社会化思维是对传播链、关系链的理解。企业所面对的员工和用户都是以“网”的形式存在，沟通和交流变得更加便捷，学会利用社会化思维可以很好地做好营销。一要利用好社会化媒体。二要众包协作。众包是以“蜂群思维”和层级架构为核心的互联网协作模式，维基百科就是典型的众包产品。

（7）大数据思维　大数据思维是对企业资产、核心竞争力的理解。通过数据挖掘与分析将提高企业的核心竞争力，数据就是资源，提炼出的信息就是商业价值所在。在互联网和大数据时代，企业必须构建自己的大数据平台，小企业也要有大数据，企业的营销策略应该针对个性化用户做精准营销。

（8）平台思维　平台思维是对商业模式、组织模式的理解。互联网的平台思维就是开放、共享、共赢的思维。平台模式的精髓在于打造一个多主体共赢互利的生态圈。当你不具备构建生态型平台实力的时候，那就要思考怎样利用现有的平台，如让企业成为员工的平台，企业内部打造“平台型”组织。

（9）跨界思维　跨界思维是对产业边界、创新的理解。随着互联网和新科技的发展，纯物理经济与纯虚拟经济开始融合，很多产业的边界变得模糊，不论是传统企业，还是互联网企业，都要主动拥抱变化，大胆地进行颠覆式创新，这是时代背景的必然要求。

复盘评价

项目名称	开发创新思维	姓名		日期	
班级		团队成员			
用思维导图对任务步骤进行总结，每个步骤均需体现出自己实践的内容。					

评价指标	评价要素	分值	自我评价 30%	组内互评 30%	教师评价 40%
任务执行	是否认真思考，是否在规定时间内完成全部任务	15			
思维训练	是否能运用发散思维、形象思维等创新思维方式发现问题、分析问题、解决问题	15			
技能提升	是否掌握了思维创新的方法和步骤；是否掌握了培养发散思维、形象思维的方法；是否理解了互联网思维	40			
沟通表达	是否表达清晰，表述恰当	15			
反思改进	在任务实施过程中是否认识到自己的优势和不足，是否有改善不足的措施和办法	15			
合计		100			

项目三
训练创新方法

能力与素质目标

- 了解什么是头脑风暴法、列举法和思维导图法
- 能坚持守正创新，坚持问题导向，坚持系统观念，掌握头脑风暴法、列举法和思维导图法的使用方法，利用各种创新方法和技巧解决实际问题
- 在生活中遇到问题时，能够积极开拓思维，运用各种方法解决问题，通过创新驱动自我发展，养成创新品质

任务1 学会头脑风暴法

任务发布

一幢超高层的高端写字楼，租户们抱怨楼里电梯服务差。他们说，上班高峰时，等电梯的时间超长。因此，有好几家租户打算解除租约搬走。写字楼的经理于是向一家从事电梯系统设计和运行的专业工程公司求助。该公司的工程师们在听了问题描述之后，做了调查，确认等电梯的时间确实有点长。

假设你就是这家工程公司的工程师，你有什么好的解决办法吗?

任务实施

第一步：分组。小组成员（5~6 人）围成一圈，每人在 3 分钟内在表 3-1 中至少写出 5~8 个想法。

表 3-1 电梯等待时间解决方案 1

你的解决方案： 1. ________________ ________________ 2. ________________ ________________

（续）

3.____________________
4.____________________
5.____________________
6.____________________
7.____________________
8.____________________

第二步：畅谈。逐一在小组内部分享个人的解决方案，并记录下小组其他成员与你完全不同的解决方案，填写到表 3–2 中。

表 3–2　电梯等待时间解决方案 2

新增的解决方案：
1.____________________
2.____________________
3.____________________
4.____________________

（续）

5.____
____
6.____
____
7.____
____
8.____
____

第三步：筛选。进行小组讨论，对大家的解决方案进行分类整理，进行去粗取精的提炼工作，登记本组当前条件下相对较好的、具有可行性的解决方案，并派代表陈述理由，填写到表 3–3 中。

表 3–3　电梯等待时间解决方案 3

相对较好的解决方案： ____ ____ ____ ____ ____ ____ ____ ____ ____ ____

任务2 学会列举法

任务发布

风扇的进化史

1830 年，美国人詹姆斯·拜伦从钟表的结构中受到启发，发明了一种可以固定在天花板上，用发条驱动的机械风扇。这种风扇转动扇叶带来的徐徐凉风使人感到凉爽，但得爬上梯子去上发条，很麻烦。

1872 年，一个叫约瑟夫的法国人又研制出一种靠发条涡轮启动，用齿轮链条装置传动的机械风扇，这个风扇比拜伦发明的机械风扇精致多了，使用也方便一些。

1880 年，美国人舒乐首次将叶片直接装在电动机上，再接上电源，叶片飞速转动，阵阵凉风扑面而来，这就是世界上第一台电风扇。

随后的一百多年，风扇不断进化，源于人们各种不同的需求，细分种类不断增多，见表 3-4（仅列出部分），我们的世界因此变得更加精彩。

表 3-4 风扇的希望点与改造细分种类

希望点	产生的效果与细分种类
希望角度不仅仅局限在一定范围	摆头风扇
希望不用摆头就能得到不同的风向	转页式台扇
希望风吹的范围更大	吊扇
希望电扇也能像电视一样用遥控器控制	遥控风扇
希望风扇可以随身携带	帽檐风扇或微型风扇
希望风扇的转叶不会伤到别人	弯曲叶式风扇或无叶风扇
希望风速能根据温度高低自行调节	温控电风扇
希望在停电时也能继续使用	蓄电池电源风扇、USB 充电风扇
希望具有制冷效果	空调扇
希望可以散发香味	香薰风扇
希望可以驱蚊虫	驱蚊风扇
希望……	……

请在拖把 / 牙刷 / 脸盆三者之中选择其一作为研究对象，做结构剖析与希望点列举。思考如何改进，记录所有新的设想。

任务实施

第一步：确定团队的研究对象，共同研究后完成表 3–5。

表 3–5　研究对象的希望点列举

研究对象	适用人群（适用场景）	物品特质（结构剖析）	希望点（实现效果）

第二步：检索网络，看看团队想出的“金点子（创新设想）”，哪些已经实现，哪些尚未面世，哪些是你们没有想到，但已经出现在我们身边的，填写到表 3-6 中。

表 3-6　研究对象的希望点实现情况

研究对象	适用人群（适用场景）	物品特质（结构剖析）	希望点（实现效果）	是否已实现（画√或者 ×）

任务3 学会思维导图法

任务发布

大石头的故事

有一个玻璃器皿，还有一些大石头、小石头和一堆沙子。如何把所有的东西都装入器皿呢？有个人先放小石头、再放大石头，发现怎么塞都塞不进去，好多大石头都留在了外面；他只能把东西都倒出来，重新放。这回，他先把大石头放进器皿里面，再装小石头，最后把沙子往里倒，结果摇一摇、拍一拍，差不多都装进去了。即便剩下零星一点沙子实在是装不进去了也无妨。

小石头和沙子就像琐事一样，做不完也没关系，关键是别把大石头给落下了。什么是你人生的“大石头”？一个人无论在学习还是生活中都有多个不同的角色，即便是创业者，你的“大石头”肯定也不止有一块。至于这块“大石头”具体是什么，这需要每个人自己去思考。应该如何理清我们的逻辑思路呢？让我们一起动手画一画图。

任务实施

第一步：列举 10 件以上你本学期做过的事情（大事、小事都写），填写到表 3-7 中。

表 3-7　我的 10 件大小事列举

序号	事件	耗费时间 / 时长 / 频率
1		
2		
3		
4		

（续）

序号	事件	耗费时间 / 时长 / 频率
5		
6		
7		
8		
9		
10		

第二步：将上述 10 件事情按照重要且紧急、重要但不紧急、紧急但不重要、既不重要也不紧急这 4 种类型进行分类，参照图 3–1，绘制“我的时间管理思维导图”（做到二级分支即可）。

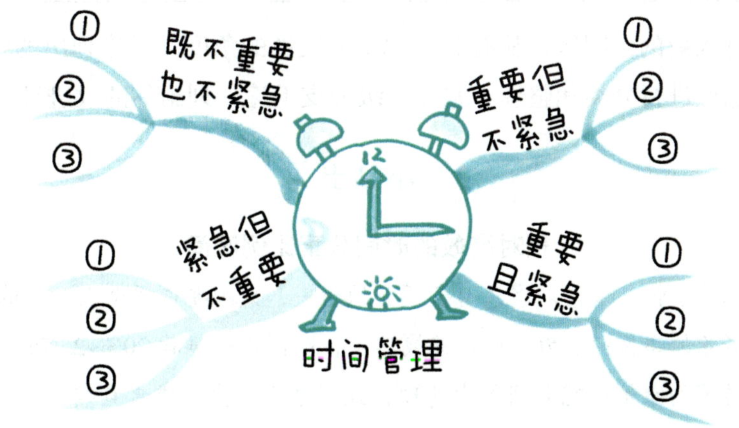

图 3–1　我的时间管理思维导图

我的时间管理思维导图

第三步：进入新的作图区，从有利于你未来发展的角度，对你列出的各种事件重新按照重要度和紧急性进行分类和整理，并在三级分支上逐一列出你的改进计划。

小贴士

相对高效的时间分配比例区间

①重要且紧急的事情：未雨绸缪，有条不紊地干完，大约要占用个人时间的 60%~65%；

②重要但不紧急的事情：全力以赴，速战速决，时间占比推荐 20%~25%；

③紧急但不重要的事情：花时间集中处理，或者请人代办，或者直接回绝，时间占比大约为 15%；

④既不重要也不紧急的事情：建议有空再做，或者干脆不做，时间占比要低于 1%。

我的时间管理思维导图（含改进计划）

案例分析

楚襄王为太子之时

【提要】

作为团队负责人，决策时一定要集思广益，对于团队成员们提出的正面的、负面的、高明的、平常的建议和策略，都应该认真听取，等知道方法的全貌后，自己心中就有数了。楚襄王面临齐国的胁迫和强横，由于集思广益，竟不用一兵一卒，就维护了国家的安全。

【《战国策·楚策》部分译文】

楚襄王做太子时，在齐国做人质。他的父亲楚怀王死了，太子便向齐王提出要回楚国去，齐王不许，说："你要给我割让东地500里，我才放你回去；否则，不放你回去。"太子说："我有个师傅，让我找他问一问。"太子的师傅慎子说："您答应给齐国割让东地500里吧。土地是为了安身的，因为爱地，而不为父亲送葬，这是不道义的。所以，我说献地对你有利。"太子便答复齐王，说："我敬献出东地500里。"齐王这才放太子回国。

太子回到楚国，即位为王。齐国派了使车50辆，来楚国索取东地500里。楚王告诉慎子，说："齐国派使臣来索取东地，该怎么办呢？"慎子说："大王明天召见群臣，让大家来想办法吧。"

于是，上柱国子良来拜见楚王，楚王说："我能够回到楚国来办父亲的丧事，又能和群臣再次见面，使国家恢复正常，是因为我答应了给齐国割让东地500里。现在齐国派使臣办理交接手续，这可怎么办呢？"子良说："大王不能不给，您说话一字千金，既然亲口答应了万乘的强齐，却又不肯割地，这就失去了信用，将来您很难和诸侯各国谈判结盟。应该先答应给齐国割让东地，然后再出兵攻打齐国。割地，是守信用；攻齐，是不示弱。所以我觉得应该割地。"

子良出朝后，昭常拜见楚王。楚王说："齐国派了使臣来，要求割让东地500里，该如何办呢？"昭常说："不能给。所谓万乘大国，是因为土地的广博才成为万乘大国的。如果要割让东地500里，这是割让了东地的一半啊！这样楚国虽有万乘之名，却无万乘之实了。所以我说不能给，我愿坚守东地。"

昭常出朝后，景鲤拜见楚王。楚王说："齐国派了使臣来，要求割让东地500里，该怎么办呢？"景鲤说："不能给。不过，楚国不能单独守住东地，大王说话一字千金，既然亲口答应了强齐，而又不给割地，这就在诸侯面前违背了大义。楚国既然不能单独守住东地，我愿去求救于秦国。"

景鲤出朝后，太子的师傅慎子进去。楚王把三个大夫出的主意都告诉了慎子，说：“子良说‘不能不给，给了以后再出兵去进攻齐国’。昭常说‘不能给，我愿去守卫东地。’景鲤说：‘不能给，既然楚国不能单独守住东地，我愿意去求救于秦国。’我不知道他们三个人出的主意，到底采用谁的好？”慎子回答说：“大王都采用。”楚王怒容满面地说：“这是什么意思？”

慎子说：“请让我说出我的道理，大王将会知道确实如此；大王您先派遣上柱子良带上兵车50辆，到齐国去进献东地500里；在派遣子良的第二天，又任命昭常为大司马，要他去守卫东地；在派遣昭常的第二天，又派景鲤带领战车50辆，往西去秦国求救。”楚王说：“好。”于是派子良到齐国去献地，在派子良的第二天，又立昭常为大司马，要他去守卫东地；还派遣景鲤去秦国求救。

子良到了齐国，齐国派武装来接受东地。昭常回答齐国使臣说：“我是主管东地的大司马，要与东地共存亡，我已动员了从小孩到60岁的老人全部入伍，共30多万人，虽然我们的铠甲破旧，武器鲁钝，但愿意奉陪到底。”齐王对子良说：“您来献地，昭常却守卫东地，这是怎么回事呢？”子良说：“我是受了敝国大王之命来进献东地的。昭常守卫东地，这是他假传王命，大王可以去进攻他。”齐王于是大举进攻东地，讨伐昭常。当大军还未到达东地边界时，秦国已经派了50万大军进逼齐国的西境，说：“你们扣押了楚太子，不让回国，这是不讲仁道；又想抢夺楚国东地500里，这是不讲正义。你们如果收兵则罢；不然，我们等着决战一场。”

齐王听了害怕，就请求子良去告诉楚国，两国讲和。又派人出使秦国，声明不进攻楚国，从而解除了齐国的战祸。楚国不用一兵一卒，竟确保了东地的安全。

【案例分析】

楚襄王在齐国做人质，脱离虎口是第一位的，其他的事情等自身安全、有所凭依时再考虑不迟。所以慎子让楚襄王答应割地的决策是正确的。我们在日常生活中也会碰到这样的难题，这时只能“两害相权取其轻”，先解决第一位的事，其他的事只能徐徐图之。

楚王师傅慎子集思广益，归纳总结，博采众长的决策方法值得我们学习，慎子的特点在于他几乎采纳了所有人的观点，只不过整体上将各观点进行了排列组合。在处理一些大事、难事时，决策者一定要集合众人的思路和点子，采用“头脑风暴法”，让每个人献计献策、畅所欲言。中国有言“三个臭皮匠，顶个诸葛亮”，就说明众人的智慧产生的合力还是巨大的。每个人有不同的立场、角度和思路，将众人的观点集合起来，进行选择和整合，就可以有解决问题的良策出来。

知识点拨

创新方法指根据创新思维的发展规律而总结出来的一些原理、技巧和方法。对于方法的学习应该注意辩证的观点，这就好比一个人学会了基本的乐理知识后，并不一定就能成为一个优秀的作曲家。创新方法可以更好地拓展我们的思路，开发我们的智力，启迪我们的智慧，实现创新的目的。因此我们应掌握创新方法的使用技巧，多想、多看、多练、多做，激发创新思维，提升创新能力。

知识点 1：头脑风暴法

头脑风暴法又称智力激励法或自由思考法，是现代创造学奠基人美国人亚历克斯·奥斯本提出并完善的一种激发创新思维的方法，适用于群体训练。又称为奥斯本智力激励法、BS 法、自由思考法。头脑风暴法出自"头脑风暴"一词，所谓头脑风暴最早是精神病理学上的用语，指精神病患者的精神错乱状态，如今已转意为无限制的自由联想和讨论，其目的在于产生新观念或激发创新设想。

1. 要点

头脑风暴法适合解决单一开放的问题，比如产品创意、宣传口号、外观的多样化、未来的市场方案等。对于复杂的问题可以分解成若干小问题，逐个解决。头脑风暴法的要点见表 3–8。

表 3–8 头脑风暴法的要点

头脑风暴法	核心要点 1	"激智"	把大家潜在智慧激发出来
	核心要点 2	"集智"	把大家已有智慧集中起来

2. 实施步骤

头脑风暴法一般是通过召开会议的形式进行的，见表 3–9，其实施的步骤包括准备、热身、明确问题、畅谈和整理筛选环节。

表 3–9 头脑风暴法的实施步骤与实践要点

实施步骤	实践要点
1. 准备环节	①选择会议主持人。合适的会议主持人，既应熟悉头脑风暴法的基本原理、原则、程序与方法，又应对会议所要解决的问题有比较明确的理解，还应能够灵活地处理会议中出现的各种情况，使会议自始至终遵照有关规则，在愉快热烈的气氛中进行

（续）

实施步骤	实践要点
1. 准备环节	②确定会议主题。由主持者和问题提出者一起分析研究，明确会议所讨论的主题。主题应具体单一，对涉及面广或包含因素过多的复杂问题应进行分解，让会议主题明确
	③确定参加会议的人选。参加会议的人数一般以 5~10 人为宜。与会人员的专业构成要合理，大多数人应对讨论的主题有较丰富的专业知识，同时要有少数外行参加。与会者应关系和谐、相互尊重、平等议事、无上下高低之分，以利于消除各自的心理障碍
	④提前下达会议通知。提前几天将主题的有关内容及背景通知与会者，以利于思想上有准备，提前酝酿解决问题的设想
2. 热身环节	安排与会者“热身”，其目的是使与会者尽快进入“角色”。热身活动所需要的时间，可由主持人灵活确定。热身活动有多种方式，如看一段有关发明创造的录像，讲一个发明创造的故事，出几道大脑急转弯之类的问题让与会者回答，使会场尽快形成热烈轻松的气氛，使大家尽快进入创造的“临战状态”
3. 明确问题环节	由主持人介绍主题。介绍时要简明扼要，同时要善于启发性地介绍主题。例如，针对革新一种加压工具问题，如果选择“请大家考虑一种机械加压工具的设计构思”，这种表达方式就容易把大家的思路局限在“机械加压”的技术领域之内；如果改为“请大家考虑一种提供压力的先进方案”，则会给大家提供更广阔的思考天地，除了机械加压之外，还可能会想到气压、液压、电磁等技术的应用
4. 畅谈环节	这是最重要的环节，是决定智力激励成功与否的关键阶段，其要点是想方设法营造一种高度激励的气氛，使与会者能突破种种思维障碍和心理约束，让思维自由驰骋，借助与会者之间的知识互补、信息互补和情绪鼓励，提出大量有价值的设想
5. 整理筛选环节	畅谈结束后，会议主持者应组织专人对设想进行分类整理，并进行去粗取精的提炼工作。如果已经获得解决问题的满意答案，智力激励会就完成了预期的目的。倘若还有悬而未决的问题，还可以召开下一轮头脑风暴法

3. 遵循原则

头脑风暴法遵循原则有自由畅谈原则、延迟评判原则、以量求质原则，具体内容见表 3–10。

表 3–10　头脑风暴法遵循原则

原则	内容
自由畅谈原则	参加者不应该受任何条条框框限制，要放松思想，让思维自由驰骋。从不同角度、不同层次、不同方位，大胆地展开想象，尽可能地标新立异，与众不同，提出独创性的想法，设想表达力求简明、扼要。不能以权威的方式妨碍他人提出个人设想，所提设想要全部记录。与会者不分职位高低，一律平等对待

（续）

原则	内容
延迟评判原则	必须坚持当场不对任何设想做出评判，既不能肯定某个设想，也不能否定某个设想，更不能对某个设想发表评论性的意见。一切评价和判断都要延迟到会议结束以后才能进行。这样做一方面是为了防止评判约束与会者的积极思维，破坏自由畅谈的有利气氛；另一方面是为了集中精力先开发设想，避免把应该在后阶段做的工作提前进行，影响创造性设想的大量产生
以量求质原则	头脑风暴的目标是获得尽可能多的设想，追求数量是它的首要任务。参加会议的每个人都要抓紧时间多思考，多提设想，以大量的设想来保证质量较高的设想的出现。在某种意义上，设想的质量和数量密切相关，产生的设想越多，其中的创造性设想就可能越多

知识点 2：列举法

列举法是借助一种具体事物的特定对象（如特点、优缺点等），从逻辑上进行分析并将其本质内容全面地罗列出来，用以自发创造设想，找到发明创造主题的创新方法。列举法不但是创造性发问的主要方法，而且为创造性解决问题提供了方向和思路。

1. 关注点

列举法分为属性列举法、希望点列举法、缺点列举法，这三类列举法的关注点见表 3–11。

表 3–11　列举法关注点

	类别	关注点
列举法	属性列举法	针对事物的原理、结构、功能、材料、造型、工艺等方面
	希望点列举法	注重使用者的意见，特别是特殊人群对事物的希望
	缺点列举法	从事物的缺点出发，如商品体积大、功能少、操作不便、不结实等

2. 具体应用

（1）属性列举法　属性列举法是偏向物性、人性的特征去思考，主要强调创造过程中观察和分析事物的属性，然后针对每项属性提出可能改进的方法，或改变某些特质（如大小、形状、颜色等），使产品产生新的用途。属性列举法的实施步骤如图 3–2 所示。

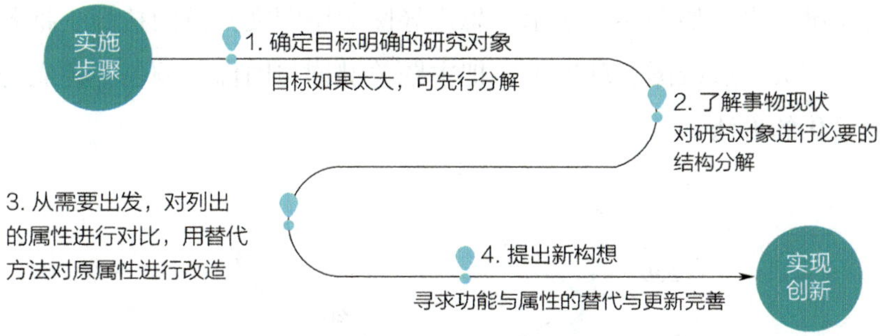

图 3–2　属性列举法的实施步骤

（2）希望点列举法　希望点列举法偏向理想型设定的思考，是透过不断地提出“希望可以”“怎样才能更好”等理想和愿望，使原本的问题能聚合成焦点，再针对这些理想和愿望提出达成的方法。希望点列举法的实施步骤如图 3–3 所示。

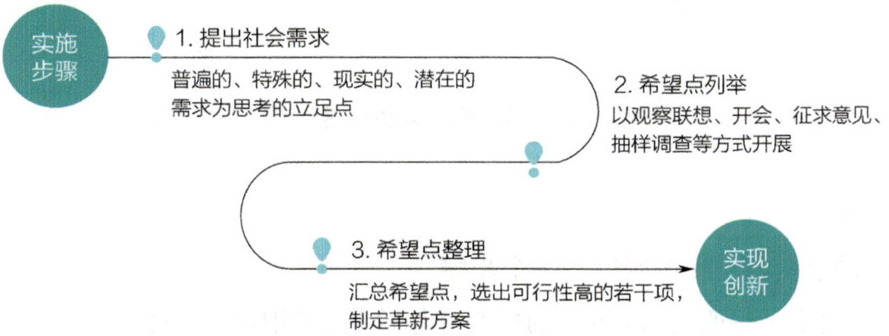

图 3–3　希望点列举法的实施步骤

（3）缺点列举法　缺点列举法是偏向改善现状型的思考，不断检讨事物的各种缺点及缺漏，再提出解决问题和改善对策的方法。缺点列举法的实施步骤如图 3–4 所示。

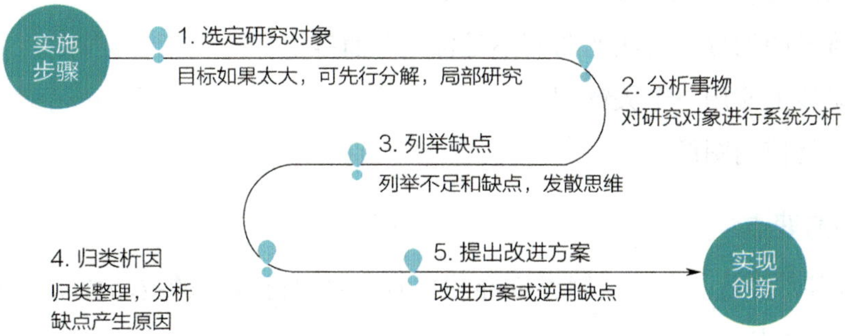

图 3–4　缺点列举法的实施步骤

知识点 3：思维导图法

思维导图又名心智导图，是表达发散性思维的有效图形思维工具，它简单又高效，是一种实用性的思维工具。如图 3–5 所示，思维导图运用图文并重的技巧，把各级主题的关系用相互隶属与相关的层级图表现出来，把主题关键词与图像、颜色等建立记忆链接，是一种将思维形象化的方法。

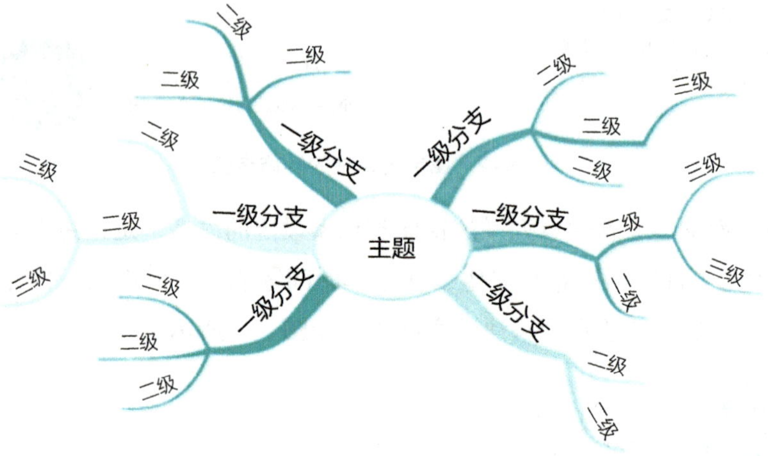

图 3–5　思维导图样图

1. 绘制步骤

思维导图的绘制，一般按照以下 7 个步骤。

1）从一张白纸（一般是 A4 纸）的中心开始绘制，周围留出空白。

2）用一幅图像或图画表达你的中心思想。

3）在绘制过程中使用颜色。

4）将中心图像和主要分支连接起来，然后把主要分支和二级分支连接起来，再把二级分支和三级分支连接起来，依此类推。

5）让思维导图的分支自然弯曲而不是像一条直线。

6）在每条线上使用一个关键词。

7）自始至终使用图像。

2. 绘制注意要点

就像画画需要技巧一样，绘制思维导图也有一些自己独特的技巧要求。下面所列出的只是最为基本的几点。

1）先把纸张横过来放，这样宽度比较大些。在纸的中心，画出能够代表你心目中的主体形象的中心图像，再用水彩笔任意发挥你的想象。

2）绘画时，应先从图形中心开始，画些向四周放射出来的粗线条。每一根线条都使用不同的颜色，这些分支代表关于你的主要思想。在绘制思维导图的时候，可以添加无数根线，在每一个分支上，用大号的字清楚地标上关键词，这样，当你想到这个概念时，这些关键词立刻就会从大脑里跳出来。

3）要善于运用想象力，改进思维导图。例如，可以利用我们的想象，在每一个关键词旁边，画一个能够代表它、解释它的图形，也就是使用要素图画来改进这幅思维导图，它可以为我们节省大量的时间和精力，从记录数千词汇的笔记中解放出来。

4）用联想来扩展这幅思维导图。对于每一个正常人来讲，每个关键词都会让他想到更多的词。例如：假如你写下了"橘子"这个词，你就会想到颜色、果汁、维生素 C 等。根据你联想到的事物，从每一个关键词上发散出更多的连线。连线的数量取决于你所想到的东西的数量。

知识点 4：牢记"法无定法"原则

在创新过程中，生搬硬套某种方法并非良策。我们应视不同对象，根据自己的特点灵活选用并综合应用各种方法。除了本项目介绍的头脑风暴法、列举法、思维导图法，常用的创新方法还有设问法、类比法、组合法、六项思考帽法、TRIZ、综摄法等，感兴趣的同学请自行上网查阅。大家要勇于大胆地探索和创新，请记住：所有的创新方法只有运用才会产生价值！

图 3-6 是基于学生开展创新课题研究的过程图。

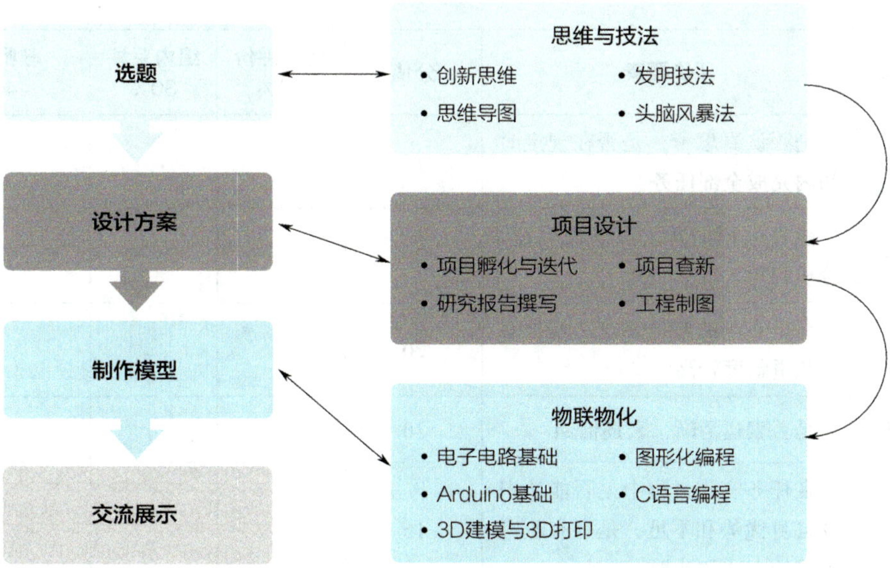

图 3-6　基于学生开展创新课题研究的过程图

复盘评价

项目名称	训练创新方法	姓名		日期	
班级		团队成员			

请用思维导图对本章介绍的 3 种创新方法进行总结，需具体到团队的实践内容。

评价指标	评价要素	分值	自我评价 30%	组内互评 30%	教师评价 40%
任务执行	是否认真思考，是否在规定时间内完成全部任务	15			
思维训练	能否运用创新技法发现问题、分析问题、解决问题	20			
技能提升	在金点子的数量要求上是否对团队贡献度较高	20			
沟通表达	是否表达清晰，表述恰当	30			
反思改进	在任务实施过程中是否能认识到自身优势和不足，是否有改进不足的方法和计划	15			
合计		100			

项目四
识别创业机会

能力与素质目标

- 了解国家现代化产业体系建设发展现状及趋势
- 了解创业机会的识别方法
- 掌握挖掘创业点子的方法
- 掌握评估创业机会的技能
- 学会规避创业风险的办法
- 树立风险意识

任务1 捕捉创业机会

任务发布

在选择创业前，要做好准备工作，包括知识储备、市场调研、把握创业机会、资金规划及筹集、选择合伙人等，这其中创业机会的识别是决定创业能否成功的至关重要的一环。对于想创业的大学生来讲，最重要的能力就是“有想法”。在整个创业过程中，你需要学会捕捉创业机会，并且从中筛选出最好的一个创业机会并予以实践。

同学们组建了创业团队，但不知道应该从哪里着手，怎么才能找到好的创业点子。在本次任务中，我们将一起来学习捕捉创业机会。

任务实施

第一步：利用一般性头脑风暴法选择团队成员感兴趣的行业，在该行业中选择一种大家想了解的产品，再利用结构性头脑风暴法，按照制造线、销售线、服务线和副产品线进行分类，从中捕捉创业机会，填写表 4–1。

表 4–1　利用头脑风暴法捕捉创业机会

一般性头脑风暴法的结果：

（续）

结构性头脑风暴法的结果：

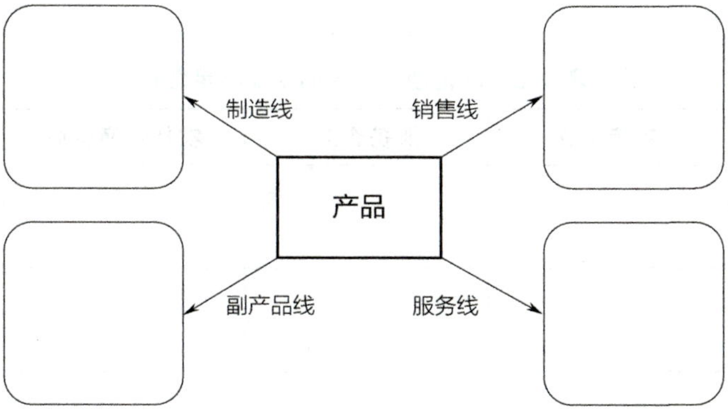

第二步：在准备创业的地区进行调查，记录不同类型的企业，统计每种大类中细分类型的企业有多少家，如贸易企业中包括销售饮料类、销售工艺品类和销售土特产类等，表明每个类型企业的数量，填写表 4–2。

表 4–2　准备创业地区的企业调查

贸易企业	制造企业	服务企业	农林牧渔企业	其他企业

第三步：结合上面统计的表格，发现空白或找出他们的不足之处；观察、比较、思考，假如自己团队去做这类企业，在哪些方面会更胜一筹，能否参与竞争获得市场份额，填写表 4–3。

表 4–3 准备创业地区的企业不足之处

贸易企业	制造企业	服务企业	农林牧渔企业	其他企业

第四步：调查准备创业地区的环境，通过对创业地区环境的调查，发现更多的顾客需求，从而产生创业想法，填写表 4–4。

表 4–4 准备创业地区的环境调查

环境	内容	创业想法
自然资源		
机构		
工业		

（续）

环境	内容	创业想法
媒体		
商品展销会		
其他		

第五步：利用各种问题，结合自身的专业、兴趣和能力特质，利用互联网、社会变化、政策与体制变革、技术革新等，挖掘并记录创业想法，填写表 4–5。

表 4–5　挖掘创业想法

方法	具体内容	创业想法
问题		
自身特质		
互联网		
社会变化		
政策与体制变革		
技术革新		

任务2 评估创业机会

任务发布

只有那些具备特定特征的创业机会才值得投入时间和精力付诸实践。掌握创业机会评估的方法和技能，有助于挖掘出那些真正适合自己的创业机会。

同学们创建团队成功后，对创业机会进行了分析，这些机会是否有价值去实践，需要进一步的评估。在本次任务中，我们将以团队为单位，一起评估创业机会。

任务实施

第一步：对遴选的创业项目进行评估，填写表 4–6。

表 4–6 罗列了对创业机会有重要影响的因素，创业者可以对照来评估创业机会。如果某个创业机会只符合其中的 6 个或更少的因素，则这个机会很可能不可取；相反，如果某个创业机会符合其中的 7 个或以上的因素，则该创业机会将会大有希望获得成功。

表 4–6　创业项目评估表

创业项目		
序号	选择因素	评价结果（是 / 否）
1	这个创业机会在现阶段是否只有你们一个团队发现了	
2	初始的产品生产成本是否可以承受	
3	初始的市场开发成本是否可以承受	
4	产品是否具有高利润回报潜力	

（续）

创业项目		
序号	选择因素	评价结果（是/否）
5	是否可以预期产品投放市场和达到盈亏平衡点的时间	
6	潜在的市场是否巨大	
7	产品是否是一个高速成长的产品家族中的第一个成员	
8	是否拥有一些现成的初始用户	
9	是否可以预期产品的开发成本和开发周期	
10	是否处于一个成长中的行业	
11	金融界是否能够理解你的产品和顾客对它的需求	
结论	是（　）个 否（　）个	

第二步：利用 SWOT 分析法对创业项目进行评估，填写表 4–7。

表 4–7　利用 SWOT 分析法对创业项目进行评估

创业项目	
SWOT	评价结果描述
S：优势 创业者和企业擅长什么 有什么新技术 核心的竞争力是什么 和竞争对手的差异有哪些 如何吸引顾客 有哪些经验	
W：劣势 哪些方面做得不好 缺乏什么技术和产品 竞争对手有什么比我们做得好的 不能够满足顾客的哪些需求 有可能失败的原因 团队的技能和效率有什么不足	

（续）

<table>
<tr><th>创业项目</th><th colspan="2"></th></tr>
<tr><th colspan="2">SWOT</th><th>评价结果描述</th></tr>
<tr><td colspan="2">O：机会
市场中有什么适合的机会
需要什么新的技术
是否能够开发和提供新的技术或服务
是否能够吸引新的顾客群
市场购买力如何
市场前景如何好</td><td></td></tr>
<tr><td colspan="2">T：威胁
市场竞争可能变得更加激烈吗
强有力的竞争者出现了吗
突发负面信息产生的不良影响是什么
政治经济环境遇冷了吗
是否有特别事件影响企业生存</td><td></td></tr>
<tr><td colspan="2">最终评估结论</td><td></td></tr>
</table>

任务3 防范创业风险

任务发布

创业是一条曲折艰辛的道路，机遇和挑战并存，风险是难以避免的，有时带有一定的运气成分。因此，大学生创业者只有具备强烈的创业风险意识，才可能预防创业风险、降低创业风险、规避创业风险。只有尽量防范和规避创业风险，才可能提高创业成功的概率。

创业团队已经选定了创业项目，团队创业项目是否存在创业风险？存在哪些创业风险？如何规避呢？接下来，在老师的指导下，以团队为单位，一起完成以下任务。

任务实施

结合团队所遴选的创业项目，识别该项目存在的创业风险，制定创业风险防范措施，填写表 4-8。

表 4–8　创业项目风险识别与防范措施

序号	风险类型	问题	如何解决

案例分析

返乡创业的大学毕业生在乡村振兴中贡献青春力量

近年来，随着我国脱贫攻坚战取得全面胜利和乡村振兴战略的实施，农村的生活环境和公共服务发生深刻的变化，越来越多的年轻人选择成为返乡创业的奋斗者。

从云南农业大学毕业后，杨梦放弃了留在省会城市昆明当白领的机会，回到家乡普洱市镇沅县勐大镇老街，从事野生食用菌、中药材的收购生意。2017年，杨梦成立了老五中药材种植专业合作社，带领更多当地村民致富增收，生意也逐渐步入正轨。

选择回到农村实现人生价值的，还有90后小伙张显。他毕业于泰国华侨崇圣大学，现任云南蒙自蒙生石榴产销专业合作社理事长。他运用互联网电商带动当地农民增产增收，为家乡的石榴产业和乡村振兴做出自己的贡献。

杨梦和张显是云南大学生返乡创业群体中的一个微小缩影。他们对农村有着深厚的感情，掌握着新知识和新技术，敢于突破和创新，他们还有着一个统一的身份——新农人。

青年人能在广博的农村大地奋斗，从而实现自己的人生理想，并将个人价值与国家发展联系起来，是一件特别了不起的事情。农村还有很多空间和领域可供青年学子去探索与实践，各地方政府也积极给予广大青年学子更加精准的指导、帮扶与支持，在巩固拓展脱贫攻坚成果与乡村振兴有效衔接中，返乡大学生将是中坚力量。

党的二十大报告指出“加快建设农业强国，扎实推动乡村产业、人才、文化、生态、组织振兴”。以后将有更多的大学生心系家乡，将回乡创业作为人生选择，立志扎根基层，在广大农村实现人生理想与抱负，乡村振兴将更增添更多活力与动能。在返乡创业后，杨梦和张显也遭遇过质疑、不理解，也经历过感动和泪水，但回过头来想想，他们认为，当看到家乡百姓成功脱贫后有了稳定的收入来源，特别是看到乡亲们的笑脸时，一切都化成一句话：“回乡创业，很值得！”

【思考】

1. 结合案例，说明创业机会的识别与什么息息相关？

2. 分小组讨论案例，你们的创业项目是否与国家重大发展战略有关？

【案例分析】

社会经济发展的速度和水平、消费结构的变化、产业结构转型升级、新型城镇化建设、工业和服务业相结合、乡村振兴建设、信息化和工业化结合等均能带来新的创业机会。大学生创业项目的遴选应该紧密结合经济社会各领域现实需求，培育新产品、新服务、新业态、新模式，服务于国家发展重大战略。

知识点拨

知识点 1：创业机会的含义与来源

1. 创业机会的含义

创业机会也称商业机会或市场机会，是指有吸引力的、较为持久的有利于创业的商业机会，并最终表现在能够为消费者和客户创造价值或增加价值的产品或服务之中。

2. 创业机会的来源

（1）问题和痛点　创业的根本目的是满足市场需求。而市场需求在没有被满足前就是问题。寻找创业市场机会的一个重要途径是善于发现和体会自己和他人在需求方面的问题或生活中的痛点。比如，上海有一位大学毕业生发现远在郊区的本校师生往返市区交通十分不便，便创办了一家客运公司，这就是把问题转化为市场机会的成功案例。再比如，在工作、生活节奏快的情形下，很多人没有太多时间做饭，于是各种外卖就应运而生。

（2）社会变化　创业的市场机会大都产生于不断变化的市场环境，环境变化了，市场需求、市场结构必然发生变化。这里的变化是指产业结构的变化，科技进步，通信革新，经济信息化、服务化，价值观与生活形态变化，人口结构变化，等等。

（3）政策与体制变革　随着经济的快速发展，市场需求不断发生变化，市场政策随之改变，并使得市场结构发生变化。新政策的出台或现有政策的修改都会为创业者们带来大量的创业机会。近年来，为拉动经济增长，促进经济转型升级，我国政府政策频出，这些政策对经济的拉动作用是毋庸置疑的，更会给各行各业带来创业良机。

（4）技术革新　技术革新是有价值创业机会的最重要来源。技术革新改变了社会面貌，它以高科技手段提高了人们办事的效率，改变了人们日常行为的方式，制造了许多空白的市场空间，使创业成为可能。

知识点 2：识别创业机会的方法和工具

1. 头脑风暴法

头脑风暴法分为两种，分别为一般性头脑风暴法和结构性头脑风暴法。一般性头脑风暴法是一群人围绕一个特定的兴趣领域产生新观点，由于没有拘束，人们就能够更自由地思考，进入思想的新区域，从而产生很多新观点和问题解决方法。结构性头脑风暴法是对一个特定产品，沿着制造线、销售线、服务线、副产品线这“四条线”的方向尽力想出相关企业，并在他们的企业模式上整合创新，形成自己关于这个产品的创业想法。

2. 调查创业地区的企业情况

调查创业地区的企业情况并进行分析。调查的目的是了解准备创业的地区已经开办了哪些类型的企业，并分析一下自己在当地市场中能否找到生存空间。那么分析要点都有些什么呢？比如，当地居民的消费方式、购买力如何？什么样企业有可能在此生存发展？当地居民还有哪些需求没有被满足等问题，这样我们就能从中获取信息与灵感。

3. 调查所处的环境

企业与环境之间存在着密切的联系。环境是企业赖以生存的基础。企业经营的一切要素都要从外部环境中获取，如人力、材料、能源、资金、技术、信息等，没有这些要素，企业就无法进行生产经营活动。我们可以进行宏观环境调研（政策、经济、人文、科技环境）、行业环境调研和竞争对手调研等。

4. 利用经验以及结合专业

利用自己的经验和他人的经验，从中获得灵感与想法。同时结合自己所学的专业，将创业教育与专业教育相结合，寻找创业机会。

知识点 3：识别创业机会所需的条件

面对具有相同期望值的创业机会，并非所有潜在创业者都能把握。成功的机会识别是创业愿望、创业能力和创业环境等多因素综合作用的结果。

首先，创业的愿望是机会识别的前提。创业愿望是创业的原动力，它推动创业者去发现和识别市场机会。没有创业意愿，再好的创业机会也难以抓住。

其次，创业能力是机会识别的基础。识别创业机会在很大程度上取决于创业者的个人（团队）能力。国内外研究和调查显示，与创业机会识别相关的能力主要有：远见与洞察能力、信息获取能力、技术发展趋势预测能力、模仿与创新能力、建立各种关系的能力等。

最后，创业环境的支持是机会识别的关键。创业环境是创业过程中多种因素的组合，包括政府政策、社会经济条件、创业和管理技能、创业资金和非资金支持等方面。一般来说，如果社会对创业失败比较宽容，有浓厚的创业氛围；有各种渠道的金融支持和完善的创业服务体系；产业有公平、公正的竞争环境，那就会鼓励更多的人创业。

知识点 4：创业机会的评估

创业本身是一种做中学的高风险行为，但失败也可能是奠定下一次创业成功的基础。不过对于那些先天体质不良，市场进入时机不对，或者具有致命瑕疵的创业构想，如果创业者能先以比较客观的方式进行评估，那么许多失败结局就不至于一再发生。

1. 市场评估准则

（1）市场定位　一个好的创业机会，必然具有特定市场定位，专注于满足顾客需求，同时能为顾客带来增值的效果。因此评估创业机会的时候，可由市场定位是否明确、顾客需求分析是否清晰、顾客接触通道是否流畅、产品是否持续衍生等，来判断创业机会可能创造的市场价值。创业带给顾客的价值越高，创业成功的机会也会越大。

（2）市场结构　针对创业机会的市场结构进行分析，包括进入障碍，供货商、顾客、经销商的谈判力量，替代性竞争产品的威胁，以及市场竞争的激烈程度。由市场结构分析可以得知新企业未来在市场中的地位，以及可能遭遇竞争对手反击的程度。

（3）市场规模　市场规模大小与成长速度也是影响新企业成败的重要因素。一般而言，市场规模大者，进入障碍相对较低，市场竞争激烈程度也会略为下降。如果要进入的是一个十分成熟的市场，那么纵然市场规模很大，由于已经不再成长，利润空间必然很小，因此就不值得再投入该市场。反之，一个正在成长中的市场，通常也会是一个充满商机的市场，只要进入时机正确，必然会有获利的空间。

（4）市场渗透力　对于一个具有巨大市场潜力的创业机会，市场渗透力（市场机会实现的过程）评估将会是一项非常重要的影响因素。选择在最佳时机进入该市场，也就是市场需求正要大幅成长之际，这样创业成功概率会大幅增加。

（5）市场占有率　预期可取得的市场占有率可以显示这家新创公司未来的市场竞争力。一般而言，要成为市场的领导者，最少需要拥有 20% 以上的市场占有率。尤其是高科技产业，新企业必须拥有成为市场前几名的能力，才比较具有投资价值。

（6）产品的成本结构　产品的成本结构也可以反映新企业的前景是否光明。例如，从物料与人工成本所占比重的高低，变动成本与固定成本的比重，以及经济规模产量大小，可以判断企业创造附加价值的幅度以及未来可能的获利空间。

2. 效益评估准则

（1）合理的税后净利　一般而言，具有吸引力的创业机会，至少需要能够创造 15% 以上的税后净利。如果创业预期的税后净利是在 5% 以下，那么这就不是一个好的投资机会。

（2）达到损益平衡所需的时间　合理的损益平衡时间应该能在两年以内达到，如果三年还达不到，恐怕就不是一个值得投入的创业机会。不过有的创业机会确实需要经过比较长的耕耘时间，通过这些前期投入，创造进入障碍，保证后期的持续获利。在这种情况下，可以将前期投入视为一种投资，才能容忍较长的损益平衡时间。

（3）投资回投率 考虑到创业可能面临的各项风险，合理的投资回报率应该在 25% 以上。一般而言，15% 以下的投资回报率，是不值得考虑的创业机会。

（4）资本需求 资金需求量较低的创业机会，投资者一般会比较欢迎。事实上，许多个案显示，资本额过高其实并不利于创业成功，有时还会带来稀释投资回报率的负面效果。通常，知识越密集的创业机会，对资金的需求量越低，投资回报反而会越高。因此在创业开始的时候，不要募集太多资金，最好通过盈余积累的方式来创造资金。而比较低的资本额，将有利于提高每股盈余，并且还可以进一步提高未来上市的价格。

（5）毛利率 毛利率高的创业机会，相对风险较低，也比较容易取得损益平衡。反之，毛利率低的创业机会，风险则较高，遇到决策失误或市场产生较大变化的时候，企业很容易遭受损失。一般而言，理想的毛利率是 40%。当毛利率低于 20% 的时候，这个创业机会就不值得再予以考虑。比如，软件业的毛利率通常都很高，所以只要能找到足够的业务量，从事软件创业在财务上遭受严重损失的风险相对会比较低。

（6）策略性价值 能否创造新企业在市场上的策略性价值，也是一项重要的评价指标。一般而言，策略性价值与产业网络规模、利益机制、竞争程度密切相关，而创业机会对于产业价值链所能创造的增值效果，也与它所采取的经营策略与经营模式密切相关。

（7）资本市场活力 当新企业处于一个具有高度活力的资本市场时，它的获利回收机相对比较高。不过资本市场的变化幅度极大，在市场高点时投入，资金成本较低，筹资相对容易。但在资本市场低点时，投资新企业开发的诱因则较低，好的创业机会也相对较少。不过，对投资者而言，市场低点的成本较低，有的时候反而投资回报会更高。一般而言，新创企业活跃的资本市场比较容易创造增值效果，因此资本市场活力也是一项可以被用来评价创业机会的外部环境指标。

（8）退出机制与策略 所有投资的目的都在于回收，因此退出机制与策略就成为一项评估创业机会的重要指标。企业的价值一般要由具有客观鉴价能力的交易市场来决定，而这种交易机制的完善程度也会影响新企业退出机制的弹性。由于退出的难度普遍要高于进入的，所以一个具有吸引力的创业机会，应该要为所有投资者考虑退出机制，以及退出的策略规划。

3. 创业团队的评估准则

（1）最佳团队组合 由优秀的创业家领军，结合一群各具专业背景特色的成员，再加上紧密的组织内聚力与共同的价值观分享，这样的团队组合可以被视为新创业成功的最佳保证。因此评价新创业机会，不可忽视创业团队组合的成分以及团队整体能够对外发挥的能力。

（2）产业经验与专业背景　创业者与他的团队成员对于所要投入产业的相关经验与了解程度多寡，也会影响新创业获得成功的概率。一般可以经由产业内专家对于创业团队成员的背景经验与专业能力的评价，来获得这项信息。再好的新创业机会，如果创业团队不具备相关产业经验或专业背景，则对于投资者恐怕就不会具有任何吸引力。

（3）诚信正直的人格　创业者的人格特质也是一项会影响新创业成败的关键因素，尤其针对创业者的人品与道德观。在业界具有良好声誉，重视诚信、正直、无私、公平等基本做人处事原则的创业者，在投资者评价新创业机会时，通常都具有显著加分的效果。许多绝佳的创业机会，最后都是因为内部争权夺利而导致功败垂成，这也突显领导者人格特质对于创业成功的重要性。

知识点 5：创业风险的含义与类型

1. 创业风险的含义

创业风险是指企业在创业过程中存在的各种风险。对于风险的理解，一般有两个角度：一个角度是强调了风险表现为结果的不确定性，另一个角度则强调为损失的可能性。前者属于广义的风险，说明未来利润多寡的不确定性，可能是获利（正利润）、损失（负利润）或者无损失也无获利（零利润）；后者属于狭义的风险，只能表现为损失，没有获利的可能性。无论如何定义“风险”一词，其基本的核心含义都是“未来结果的不确定或损失”。

由于创业环境的不确定性，创业机会与创业企业的复杂性，创业者、创业团队与创业投资者的能力和实力的有限性导致创业活动结果的不确定性，都是创业风险。

2. 创业风险的类型

（1）按创业风险产生的原因划分

1）主观创业风险。它是指在创业阶段，创业者的身体与心理素质等主观方面的因素导致创业失败的可能性。

2）客观创业风险。它是指在创业阶段，客观因素导致创业失败的可能性，如市场的变动、政策的变化、竞争对手的出现、创业资金缺乏等。

（2）按创业风险的内容划分

1）技术风险。它是指技术方面的因素及其变化的不确定性使创业失败的可能性。

2）市场风险。它是指市场情况的不确定性使创业者或创业企业遭受损失的可能性。

3）政治风险。它是指战争、国际关系变化或有关国家政权更迭、政策改变使创业者或创业企业遭受损失的可能性。

4）管理风险。它是指创业企业管理不善产生的风险。

5）生产风险。它是指创业企业提供的产品或服务从小批试制到大批生产的风险。

6）经济风险。它是指宏观经济环境发生大幅度波动或调整使创业者或创业投资者遭受损失的风险。

（3）按创业过程划分

1）机会的识别与评估风险。它是指在机会的识别与评估过程中，各种主客观因素使创业一开始就面临方向错误的风险。

2）准备与撰写计划书风险。它是指创业计划书的准备与撰写过程带来的风险。创业计划书往往是创业投资者决定是否投资的依据，因此创业计划书将对具体的创业产生影响。

3）确定并获取创业资源风险。它是指由于存在资源缺口，无法获得所需的关键资源；或即使可获得，但获得的成本较高，从而给创业活动带来一定的风险。

4）新企业管理风险。它主要包括管理方式、企业文化的选取与创建、发展战略的制定，以及组织、即使、营销等各方面的管理中存在的风险。

（4）按创业与市场和技术的关系划分

1）改良型风险。它是指利用现有的市场、现有的技术进行创业所存在的风险。这种创业风险最低，但经济回报有限。

2）杠杆型风险。它是指利用新的市场、现有的技术进行创业存在的风险。该风险稍高，常见于挖掘未开辟的市场。

3）跨越型风险。它是指利用现有市场、新的技术进行创业存在的风险。该风险稍高，主要体现在创新技术的应用方面，往往反映了技术的替代，是一种较常见的情况，常见于企业的二次创业。

4）激进型风险。它是指利用新的市场、新的技术进行创业存在的风险。该风险最大，如果市场很大，可能带来巨大的机会。对于第一个行动者而言，其优势在于竞争风险较低，但是知识产权保护力度很弱，市场需求不确定。

知识点 6：创业风险的识别

所谓创业风险识别是指创业者依据企业活动，对创业企业面对的现实及潜在风险，运用各种方法加以判断、归类、鉴定风险性质的过程。

识别创业风险是一项复杂而细致的工作，要按特定的程序和步骤，采取适当的方法逐层次地分析各现象，并实事求是地做出评估。风险可以分为三种形式：第一种是必然风险，即无论如何都不可避免要发生；第二种是潜伏风险，这种风险的发生取决于一定的诱发因素，也就是说这种风险有可能发生，也有可能不发生；第三种是想象风险，即人们的猜想和想象，是心理反应的产物，其实不会发生，这种风险是假风险。

1. 确定导致创业风险不确定性的客观存在

首先要确定所有创业风险因素是否存在不确定性，如果所有因素是确定的，不能成为风险。在此基础上，要确定各因素的不确定性本身必须是客观存在的，不以人的意志为转移的，不是凭空想象和捏造的。

2. 建立创业风险因素清单

建立创业风险因素清单是识别创业风险的基础工作和前提条件。清单中应明确列出客观存在和潜在的各种风险，包括各种影响创业企业生产、经营和经济效益的因素。

3. 进行创业风险因素分类

对创业风险进行分类的目的是更加深入地理解创业风险的特征，并在此基础上制定更好的管理对策。对创业风险进行分类必须结合创业风险因素的性质、可能性结果及彼此之间的关联程度。

4. 进行风险排序

创业风险识别的目的是对其进行归类，即根据风险分类和各种可能的影响结果，进行判断和排序，分别列入不同的风险级别。

知识点 7：创业风险防范

1. 市场风险

企业要结合发展战略，针对目标市场要求，根据外部环境因素，最有效地利用自身的人力、物力和财力资源，制定最佳的市场营销组合策略，最大限度地缓解市场风险的作用。创业企业可以在以下几个方面采取措施。

（1）树立以市场为导向的整合营销理念　要在瞬息万变、竞争激烈的市场中生存，企业必须树立正确的市场营销理念，重视市场营销的作用，这是企业开展一切营销活动的前提。企业要规避市场营销风险，首先应该增强现代营销理念，把市场营销工作放在重要的地位。此外，在进行产品规划、渠道选择、制定产品价格和促销策略时，都要以市场为导向，从客户角度出发，同时生产研发部门应注意与营销部门配合，响应市场需求，实现技术与市场的完美结合。

（2）生产适销对路的产品　面对消费需求的不断变化和竞争对手产品更新步伐的加快，加快新产品研发的速度是预防产品风险的重要途径。面对已经发生的产品风险，尽快开发出符合市场需要的新产品是企业走出困境、摆脱困境的有效策略。企业应根据市场需求和企业目标，对产品组合的宽度、深度和关联度进行决策。

2. 管理风险

企业需要建立一套完整的管理制度和科学的决策程序来降低管理风险。

（1）建立现代企业制度　建立科学的决策和监督机制是企业控制管理风险的前提，而这些又离不开合理的产权制度与健全的企业内部治理结构。所以，为减少企业管理风险，企业必须按照现代企业制度的要求，建立起真正的完善的法人治理结构。经营者激励机制也是法人治理结构中不容忽视的重要问题，解决好经营者特别是中高层管理人员的利益分配问题，不仅可以引导他们致力于将企业利益最大化，尽可能把决策风险和操作风险降到最低程度，减少经营者的短期行为，而且可以对企业“内部人控制”现象起到遏制作用。

（2）完善企业的内部控制制度　完善企业的内部控制制度的一个重要手段就是建立健全严密的内部控制系统。企业内部控制系统必须覆盖企业的各项业务、各个部门和各级人员，并渗透到投资决策、执行、监督、反馈等各个环节。同时，企业还需建立科学的授权制度和岗位分离制度。

3. 财务风险

（1）根据企业的经营战略确定合理的债务结构　企业应根据企业的经营战略安排企业的资本结构和负债结构。最优的资本结构是指企业综合资金成本率最低、股东投资利润率最高的资本结构，同时也是财务风险最小的资本结构。企业要根据自身的生产经营发展状况来合理设计资本结构中的各种比例关系。通过对不同来源、不同时期、不同层次的各种资本要素的有机协调，达到降低财务风险，有利于企业发展的目的。

（2）做好现金预算，加强财务预算控制　企业在借款时就应该注意安排未来还本付息的资金，否则需要借新款还旧债。创业企业举债能力较弱，容易发生不能支付到期债务的现金流量风险。企业可以通过编制现金预算，合理调度资金，加快资金周转，加强收支管理，加强财务预算控制，控制未来的发展规模，以及进行现金预算和其他财务预算的监督，来避免由于盲目发展而陷入资金不足的困境。

（3）保持资金流动　企业资金流转总是周而复始地进行的，因此流动性是企业的生命。企业必须加速存货周转，缩短应收账款周转期，以保持良好的资产流动性。企业应降低整体资产中固定资产的比重，以降低产品中固定成本的比重，从而降低企业的经营风险。

4. 技术风险

为应对技术风险，企业除了要加大研发投入、缩短研发周期外，还要加强市场研究，迅速获得现有与潜在市场的产品信息，快速完成技术更新，引领所在领域产品的潮流。另外，要注意申请技术专利保护，防止技术的扩散给企业带来的损失。

（1）采用模仿创新战略　模仿创新就是在已经成功的技术创新基础上，创新者投入不多的资金模仿该项技术，并对其进行补充、提高、改良、完善的过程。模仿创新虽然有跟风之嫌，但可以节省大量的开发费用，提高成功率，缩短从技术到市场的时间，从而大大降低技术风险。

（2）组建技术研发联合体　企业进行技术创新，特别是自主技术创新，风险大、时间长、复杂性高，单个企业往往难以承受。这时如能组建技术开发联合体，可以在一定程度上化解技术开发风险。技术联合体通常是企业和科研机构以及大学之间的联合。建立技术联合体可以使企业获得符合本企业特点的新技术，并能迅速将技术转化为新产品，有效避免企业与科研院所的体系脱节，从而在较低风险的条件下，快速获得具有开发价值的新技术，形成企业的核心竞争力。

复盘评价

项目名称	识别创业机会	姓名		日期	
班级		团队成员			

用思维导图对任务步骤进行总结，每个步骤均需体现出自己实践的内容。

评价指标	评价要素	分值	自我评价 30%	组内互评 30%	教师评价 40%
任务执行	是否认真思考，是否在规定时间内完成全部任务	15			
思维训练	是否能运用学习过的方法发现问题、分析问题、解决问题；是否能做出有利于个人创业素质与能力提升的决策	15			
技能提升	是否掌握了创业机会识别的方法与工具；是否学会了创业机会评估的方法；是否掌握了创业风险识别、风险防范措施制定的方法	40			
沟通表达	是否表达清晰，表述恰当	15			
反思改进	在任务实施过程中是否认识到自己的优势和不足，是否有改善不足的措施和办法	15			
合计		100			

项目五
组建创业团队

能力与素质目标

- 掌握创业团队组建的程序和股权分配的方法
- 学会明确和描述创业团队各岗位的职责
- 学会制定科学合理的创业团队管理制度
- 学会提升团队领导力

任务1 制订创业素质和能力提升计划

任务发布

作为一名准创业者，在创业正式开始之前，可以依据创业者具有的素质和能力进行自我评估，认清自己性格和能力中的优点与缺点，对于自己是否适合创业进行仔细的判断，针对不足的方面，制订创业素质和能力提升计划，在以后的学习和创业过程中不断精进。因此，这一个过程不是设限，而是先为自己进行准确的定位，为将来创业做好必要准备。很多大学生进入学校后，就有很强烈的创业意愿，但是他们并不清楚自己是否具备创业的素质和能力，应该如何提升这些素质和能力。

下面开始本次任务，请为自己制订一份创业素质和能力提升计划。

任务实施

第一步：请你根据自身情况，客观地为自己的创业素质和能力评分，填写表 5-1，10 分为最高分，0 分为最低分。创业素质和能力测评图如图 5-1 所示。

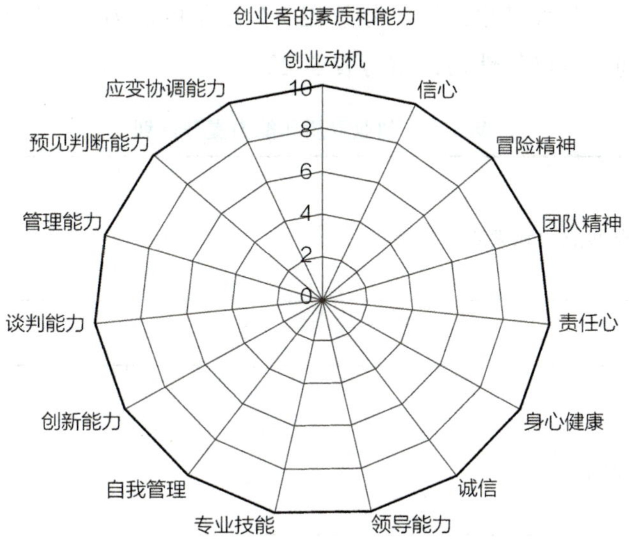

图 5-1　创业素质和能力测评图

表 5-1　创业素质和能力测试

你的测评分数为：

1. 创业动机 ____________________

2. 应变协调能力 ____________________

3. 预见判断能力 ____________________

4. 管理能力 ____________________

5. 谈判能力 ____________________

6. 创新能力 ____________________

7. 自我管理 ____________________

8. 专业技能 ____________________

9. 领导能力 ____________________

10. 诚信 ____________________

11. 身心健康 ____________________

12. 责任心 ____________________

13. 团队精神 ____________________

14. 冒险精神 ____________________

15. 信心 ____________________

第二步：分析以上测评结果，针对分数在 7 分以下的能力和素质制订提升计划，计划要有目标、达成时间，可操作性强，填写表 5-2。

表 5-2　创业素质和能力提升计划

1. 概述测评结果，哪些能力和素质需要提升 ______________________________ ______________________________ ______________________________
2. 预期目标及达成时间 ______________________________ ______________________________ ______________________________
3. 拟采取的具体的、可操作性强的提升计划 ______________________________ ______________________________ ______________________________
4. 应及时根据自身情况和环境变化制定哪些调整策略 ______________________________ ______________________________ ______________________________

任务2　组建创业团队

任务发布

创业团队是为进行创业而形成的集体。它使各成员联合起来，在行为上形成彼此影响的交互作用，在心理上意识到其他成员的存在及彼此相互归属的感受和工作精神。创业团队不同于一般意义上的社会团体，它存在于企业之中，因创业的关系而联接起来，却又超乎个人、领导和组织之外。创业团队比单个创业者更有优势，因为团队成员可以从一开始就将创新能力与生产和营销技能结合起来。创业团队还可以确保日后在经营过程中各职能部门之间有更好的合作和协调。

下面开始本次任务，请和同学们一起尝试组建一个创业团队。

任务实施

第一步：在教师的指导下，遴选总经理候选人，准备演讲稿，采取自荐或推荐的方式，确定各团队中的总经理人选。其他同学撰写个人简历，应聘各核心岗位，组建创业团队，填写表 5-3。

表 5–3 创业团队人员组成

姓名	岗位	岗位职责	能力特长和实践经历

第二步：确定团队名称、标识和口号，画出组织机构流程图，完成团队股权分配任务，填写表 5–4。

表 5–4　创业团队详情

1. 团队名称   2. 团队标识   3. 团队口号   4. 组织机构流程图   5. 团队股权结构

任务3 制定创业团队管理制度

任务发布

管理制度是处理问题的准则。制度背后透出的信息是创业团队的文化、创业目标，以及开展工作的方式。在不同的创业阶段，都要有与之相适应的制度安排。创业团队只有拥有合适且有效的管理制度，其价值才能被不断创造、保持和可持续提升，创业团队才能高效互动合作。

假设你已经组建好创业团队，下一步应该制定哪些创业团队的管理制度呢？

任务实施

结合团队自身情况，初步制定管理团队的制度，填写表 5-5。

表 5–5　管理团队制度一览表

序号	制度名称	内容（不超过 50 字）	作用

案例分析

从戚家军看创业团队的组建

企业和团队的建设之路，就是需要让员工对企业的使命与愿景、团队建设方略、个人角色定位等都有更清晰的认知，这才能使团队成员对于齐心协力共克时艰、赢战未来充满信心和勇气。一个企业想要发展，靠的不是个人英雄主义，而是团队。在团队建设与管理的史料中讲到过一个团队——戚家军，值得我们学习和借鉴。

戚家军是由明朝名将戚继光打造的一支优秀团队，这支有4000多人组成的军队的主力是由义乌、东阳的普通农民和矿工组成的。但是，正是这样一支看似杂牌军的团队，自嘉靖三十八年成军到万历十一年戚继光去职期间，经历了大小数百次战役，却从未失败过，击败了总数超过十五万余人的敌人，被称为神勇的戚家军。

戚家军强大的战斗力和卓越的战绩离不开戚继光对团队的管理。一是思想教育。戚继光用保家卫国的思想教育参军不久的义乌兵，让这些义乌兵明白，他们参军的目的是消灭倭寇。二是严明军纪。戚继光曾率领明朝官军在台州重创倭寇，但明朝官军临阵脱逃的表现让戚继光相当不满。为了防止明朝官军的缺点在戚家军身上重演，戚继光对新组建的军队规范了军纪。三是严格而全面的战术训练。戚继光结合东南沿海的地形，倭寇的作战特点和古代兵法的精髓，打造出了攻防适用、能在各种地形上灵活变阵型、作战极其灵活的新阵法——鸳鸯阵，这也被称为中国古代四大阵法之一。鸳鸯阵具有强大的战斗力，尤其是对付惯用重箭、长枪和倭刀的倭寇非常有实效，在浙闽沿海多山陵沼泽、道路崎岖、大部队兵力不易展开的地理形势下有明显的优势。戚家军正是由于团队首领戚继光的合理管理，将个体力量巧妙地凝聚在一起，才形成了如此强大的战斗力。

【思考】

1. 结合案例，说明组建创业团队的主要依据是什么。

2. 通过案例，从团队结构的角度，分析组建创业团队的重要性。

3. 分小组讨论案例，归纳组建创业团队的基本路径。

【案例分析】

1. 团队不是人员的简单相加，管理者在组建团队的时候，要遵循相似性和互补性原则，确保团队成员有共同的价值观和创业目标，在性格、技术特长、经验、能力及专业方面均要相互补充。

2. 团队内部结构对团队的整体功能起着决定性的作用，一个高质量的创业团队，其资源要能够有效整合，能够优势互补，并具有很强的协调性，这也是团队高效率合作和企业成功的基础。

3．团队组建需要对团队中各个队员的情况进行优化组合，每一个团队成员要扮演好自己特定的角色，角色互补才会形成好的团队。只有进行最协调的组合设计，明确职责分工，有可以遵循的团队运行规则，才会组建出较为科学的创业团队。

知识点拨

知识点 1：创业者具备的素质和能力

创业活动是由创业者主导、组织的商业冒险活动，要成功创业，不仅需要创业者富有开拓创新事业的激情和冒险精神、面对挫折和失败的勇气和坚韧，以及各种优良的品质素养，还需要具备解决和处理创业活动中各种挑战和问题的知识和能力。创业者需具备的素质和能力见表 5-6。

表 5-6　创业者需具备的素质和能力

创业者特征		主要内容
素质特征	创业动机	是创业者愿意冒各种风险去创立新的企业的激励因素。具有强烈的创业动机是创业者成功的重要前提条件之一
	信心	信心是创业者对自我实现创业成功的坚定信仰，是对自我的信念和敢于全力担当的内心动力
	冒险精神	是创业者的一项特质，敢于冒险的人更适合创业。创建企业需要创业者具备一定的心理承受能力，遇到困难时，不能马上放弃，应坚持自己的追求
	团队精神	是创业团队集体的精神状态和对事业所持的态度。团队精神尊重每个成员的兴趣和成就，它的核心是合作协同，目的是发挥团队的潜在能量
	责任心	创业者在创业过程中需要具备责任心，创业者要做好具体的运营和创业的整个过程的筹备事宜，要在创业过程中让自己的企业能够更好地运营起来，应秉着负责任的态度创业
	身心健康	创业过程中许多事情都要亲力亲为，工作时间长，伴随着巨大的风险和压力，这就需要充沛的体力和旺盛的精力。同时，创业过程中难免遇到诸多的挫折、压力甚至失败，需要具有非常强的心理调控能力
	诚信	诚实守信是创业者必备的一项素质特征，诚信是企业的立足之本和发展源泉。具有诚信的品德和素质，才能发挥潜能而取得成功

（续）

创业者特征		主要内容
能力特征	领导能力	领导能力是指一系列行为的组合。领导能力对创业团队格外重要，优秀的领导能力能推动企业实现业绩增长与绩效改善
	专业技能	企业管理中的专业技能指对某一具体业务规范的驾驭和把握的技巧与能力，专业技能可以看作和管理技能、领导技能并列对应的一个概念
	自我管理	是指个体对自身的管理，对自己的目标、思想、心理和行为等方面的管理，也就是自己把自己组织起来，自己约束自己，自己激励自己，自己管理自己
	创新能力	是运用知识和理论，在科学、艺术、技术和各种实践活动领域中不断提供具有经济价值、社会价值、生态价值的新思想、新理论、新方法和新发明的能力
	谈判能力	是指谈判人员所具备的更好地完成谈判工作的能力，包括思维能力、观察能力、反应能力和表达能力
	管理能力	从根本上说就是提高组织效率的能力。创业者若要准确地把握组织的效率，需具备下列三种管理能力：全面而准确地制定效率标准的能力，对工作水平与标准之间的差距的敏锐洞察能力，纠正偏差的能力
	预见判断能力	是指创业者根据事物的发展特点、方向、趋势所进行的预测、推理的一种思维能力，是通过敏锐分析评估面临的情况和情景，从而迅速得出准确结论的能力
	应变协调能力	是指创业者在企业的内部管理和对外经营中遇到突发事件时，能够通过积极的沟通和协调，使事件得到有效解决或按照创业者期望的方向发展的能力

知识点 2：工具："查克成功五角星"模型

在创业教育领域享有盛誉的美国教授安德鲁·查克阿拉基斯注意到，成功的创业者都具备某些内在动力，他归纳出知识、人脉、精力、信仰和激情等 5 个特征，并称之为"查克成功五角星"模型。

1. 知识

成功需要知识，并且要让知识内化成能力。有些成功的创业者本身就是他所处领域的"大牛"，有很专业的知识和经验。有些创业者的可迁移知识能力很强，他们能把各种模式创造性地结合起来，让他们在自己涉足的任何领域都拥有优势。如果没有直接相关的经历，那么就需要构建一个团队，大家技能互补，形成一个完整的创业智囊团。

2. 人脉

创业过程中，也需要多方面知识来支撑，比如法律、财会等等。这就需要扩大人脉网络。你认识的人越多，越有可能获得更多相关的知识和信息。比如你认识了某新兴领域的专家，你就可以在和他交流的过程中，了解这个领域的知识，了解这个领域的政策、风向等。这可以为你的创业创造一些条件，比如可以让你比别人更快一步进入到某个蓝海行业。

3. 精力

构建知识和交际圈都需要精力。创业需要付出许多精力。即便是躺在床上或是外出度假，很多创业者也在思考商业上的事。比如做商业计划书就是一件非常耗费精力的事。一份优秀的商业计划书一般要花上 200 个小时才能做完，而这可能还只是初稿。

4. 信仰

创业过程中艰难重重，计划赶不上变化，想要一直有精力，一个人就必须有信仰。如果你对自己的商机和理想没有信仰，那么低潮期一到，就很容易遭受挫折而放弃。你要相信自己，也要相信自己的理想，要有坚定的目标。

5. 激情

激情，代表着你的强烈的爱好所在。这也是一个自我实现的话题：究竟是什么驱使你创业？创业是为了实现什么愿景？你有哪些强烈的专业爱好和个人爱好？如果创业仅仅是为了赚钱，那么你会缺乏成功所需的信仰和精力。

如图 5-2 所示，不论是谁，都可以培养或拥有“查克成功五角星”模型中的 5 个特质，它可以帮助我们更好地工作，并且在工作中成长。如果一个创业团队拥有这样的素质，那么它就是高质量的创业团队。

图 5-2 “查克成功五角星”模型

知识点 3：创业者素质和能力提升的路径

大学生创业实践成功的关键是以创业素质和创业能力作为支撑的。事实上，很多人并不具备创业所必需的素质和能力，但这可以通过学习和实践得到培养提高。

1. 在学习专业知识和岗位技能中提升创业素质和能力

通过专业知识的学习，选修企业经营、企业管理等相关课程，培养自己的创业意识，学习创业技能。走向工作岗位后还应该了解企业的生存、管理和销售等知识，在岗位中培养自己的创业素质和能力。

2. 在实践锻炼中培养创业素质和能力

事物是多种多样、变化无常的，客观情况和环境也是复杂多变的，大学生可以积极参加校内外各种实践活动，在实践中培养自己分析、决策、交流、组织和管理等方面的素质和能力。比如，大学生在校期间可参加创业大赛及在学校创业孵化基地开展创业实践，这样可以低成本地积累创业实践经验，降低创业风险，提高未来的创业成功率和企业存活率。

3. 在学习工作习惯中提升创业素养和能力

在具体学习工作中应养成良好的严于律己的习惯，磨炼意志，积极参加体育活动，培养健康的体魄和坚忍的意志品质。

知识点 4：创业领袖的行为策略

创业团队的领导者扮演了指导者、促进者、交易者、生产者及风险承担者的角色。创业领袖需要有胸怀和魅力，能将团队利益放在第一位，能与真正有贡献的人分享财富、信任，并给予团队成员适当的权责。应妥善处理各种权利和利益关系，了解团队成员的需求，识别并尊重团队成员之间的差异，制定合理的团队管理规则，并使所有指标尽可能地量化。

1. 确立明确的团队发展目标

目标在团队组建过程中具有特殊的价值，是一种有效的激励因素——共同的未来目标是创业领袖带领创业团队克服困难、取得胜利的动力。只有目标一致，创业领袖和团队成员才能齐心协力取得最终的成功。

2. 合理挑选与使用人才

创业团队领导者的认知水平、创业技能、创业能力和思想意识从根本上决定了选择由哪些成员组成团队。创业团队领导者挑选团队成员时要考虑的是团队成员是否可以相互弥补自身知识、技能、能力与创业目标之间的差距。根据团队的需要，选择具有专长、拥有人脉、有实际工作能力的团队成员。

3. 建立责权分明的团队管理机制

一个成功的企业必须制定井然有序的组织策略和管理机制。一方面，创业团队领导者要妥善处理创业团队内部的权力关系：在企业运行过程中，团队要确定谁适合从事何种关键任务和谁对关键任务承担什么责任，以使权力和责任明晰化；另一方面，创业团队领导者还要妥善处理好创业团队内部的利益关系，比如企业的报酬体系，不仅包括如股权、工资及奖金等金钱报酬，还包括个人成长机会和相关技能培训等方面。

知识点 5：创业团队类型

创业团队是指为了创业的目的，或者创业过程中某一阶段的目标而组建的一个相互协作、有稳定组织结构的群体，团队成员共享创业利益、共担创业风险。创业团队是一个特殊的群体，团队成员应目标一致，相互负责，做到资源、能力互补。团队的工作绩效应远超个体独立工作绩效之和。

如表 5-7 所示，创业团队大体上可以分为三类，这三类团队分别称为星状创业团队、网状创业团队和虚拟星状创业团队。创业者可根据项目发展的需求选择合适的团队类型。

表 5-7　创业团队的类型

类型	概念	优点	缺点
星状	有一个核心主导人物，充当领军人的角色	决策程序简单，效率较高；组织结构紧密；稳定性较好	容易形成权力过分集中的局面；当成员和主导人物冲突严重时，往往选择离开
网状	由志趣相投的伙伴组成，认可某一创业想法，共同进行创业	成员的地位较平等，有利于沟通和交流； 成员关系较密切，较容易达成共识； 成员不会轻易离开	结构较为松散； 决策效率相对较低； 容易导致整个团队的涣散； 容易形成多头领导的局面
虚拟星状	有一个核心成员，但是核心成员地位的确立是团队成员协商的结果	核心成员具有一定威信； 既不过度集权，又不过于分散	核心人物的行为必须充分考虑其他成员的意见，不像星状创业团队中的核心主导人物那样有权威

知识点 6：创业团队的组建

组建创业团队可以分散创业失败的风险和压力，通过团队成员之间的资源整合和技能互补可以提高应对创业中不确定因素的能力，还可以在创业资金等资源的获得方面拥有更多的机会，提高创业的成功率。

1. 招募合适人员

创业目标是团队之所以存在的客观原因，是团队凝聚力的源泉，也是衡量团队是否成功的关键。创业团队的目标就是要通过完成创业阶段的技术、市场、规划、组织、管理等各项工作，实现企业从无到有、从起步到成熟，这就要围绕创业目标，招募合适人员。

招募合适的人员也是创业团队组建最关键的一步。创业团队成员的招募，主要应考虑两个方面：一是考虑互补性，即考虑其能否与其他成员在能力或技术上形成互补。这种互补性的形成既有助于强化团队成员之间的合作，又能保证整个团队的战斗力，更好地发挥团队的作用。一般而言，创业团队至少需要管理、技术和营销三个方面的人才。只有这三个方面的人才形成良好的沟通协作关系后，创业团队才可能实现稳定高效。二是考虑适度规模，适度的团队规模是保证团队高效运转的重要条件。团队成员太少则无法实现团队的功能和优势，而过多又可能会产生交流的障碍，团队很可能会分裂成许多较小的团体，进而大大削弱团队的凝聚力。团队中每个成员都有自己的个性，所以团队成员加入的目的，团队成员的知识结构，团队成员的性格、兴趣及团队成员的价值观念都是招募人员时应注意的事项。

2. 划分职责和权限

明确成员在团队中担任的职务和承担的责任，是对团队成员进行角色分配时必须考虑的问题。创业团队的职权划分就是根据执行创业计划的需要，具体确定每个团队成员所要承担的职责和相应享有的权限。团队成员间职权的划分必须明确，既要避免职权的重叠和交叉，也要避免无人承担而造成工作上的疏漏。此外，由于还处于创业过程中，面临的创业环境又是动态复杂的，会不断出现新的问题，团队成员可能出现更换，因此创业团队成员的职权也应根据需要进行调整。

3. 构建团队制度体系

创业团队制度体系是一种对团队成员的有效激励和控制体系，通过设定奖罚机制，使团队成员意识到并看到企业及团队的成功是个人成功的重要保障，同时个人的努力和协作也是团队实现目标的重要支撑。良好的企业制度能充分调动成员的积极性，最大限度发挥团队成员的作用。通常创业团队的制度体系应以规范化的书面形式确定并得到团队成员的一致认同。

4. 建立内部融和机制

创业团队在创业过程中，不可避免地会存在意见分歧，甚至是矛盾。创业团队建立内部融和机制，就是要及时发现问题和处理问题。因此，有效的沟通与协调、开放的交流、团队领导者的调解等融和机制对于创业团队来说也是非常重要的。内部融和机制在团队组建过程中的多个步骤都会有所涉及。

知识点 7：管理创业团队

1. 有效沟通

沟通是有效管理团队的重要内容之一。没有沟通，团队就无法运转。沟通使信息保持畅通，实现信息共享，避免因为信息缺失而出现错误的决策与行为。沟通也可以化解矛盾，增强团队成员彼此之间的信任。沟通还可以有效解决认知性冲突，提高团队决策的质量，促进决策方案的执行。

（1）团队知识和信息的有效沟通　知识和信息是团队有效运作的基础。团队成员只有掌握了必需的知识和团队内外的信息后，才能充分挖掘自己的潜力，发挥自己的聪明才智。团队知识和信息沟通主要有正式沟通与非正式沟通两种。正式沟通是通过定期举行的团队会议和报告制度来传递信息和知识，具有准确性、可靠性和可保存等优点，这也是团队沟通的主要方式。当然，正式沟通也有缺陷，主要是速度比较慢，不利的信息传递不到团队的上层等。非正式沟通是建立在人际关系基础上，通过谈话聊天等方式进行的，传递速度比较快且更具有主动性，但可靠性、准确性差。总之，团队知识和信息的有效沟通既要依赖一种畅通的正式沟通渠道，又要依赖一种合理的非正式沟通渠道，两者缺一不可。

（2）解决文化差异带来的沟通障碍　文化差异是团队管理中需要认真对待的问题，团队成员来自五湖四海，具有不同的文化背景、风俗习惯等，不可避免地会导致对信息理解上的偏差，甚至误解。为此，首先通过文化敏感性培训，让团队成员彼此了解他人的语言风格和文化背景，排除沟通上的障碍；其次，采用多种沟通方式，如文件传达和谈话交叉运用；再次，尽量通过标准化方式解决问题，如语言要规范，文件要正式。

（3）解决认知性冲突　在企业经营管理过程中，团队成员对有关问题会形成不一致的意见、观点和看法，这种论事不论人的分歧称为认知性冲突。优秀的团队并不回避不同的意见，而是进行充分的沟通和交流，鼓励创造性的思维，提高团队决策质量。这也有助于推动成员对决策方案的理解和执行，提高组织绩效。作为领导者要积极倾听团队成员的心声，发生冲突时，真正做到对事不对人。作为团队成员，要积极主动地与领导者沟通，理解领导者的工作。同时，团队成员之间应该经常进行交流，最大限度地实现知识和信息共享，只有所有团队成员之间的沟通都顺利进行，团队才会更加团结，才会更有战斗力。

2. 激励机制

激励是团队管理中极为重要的内容，在构建激励机制时，应考虑差异原则、绩效原则和灵活原则，最终目的是通过合理的报酬让团队成员产生一种公平感，激发和促进创业团队的积极性，实现对创业团队的有效激励。可以考虑从以下几个方面构建适应团队的激励机制。

1）物质激励。除了高薪和高福利外，还可以通过股票期权、股票授予等方式，从而把传统的以报酬为代表的短期经济激励和以期权为代表的长期经济激励结合起来，体现人力资源的价值。

2）提供适当的学习机会。给员工提供专门技能的培训和学习，为员工的个人成长做打算，也是一种很好的激励手段。

3）工作设计。通过工作扩大化、工作丰富化，提供富有挑战性的工作，使成员体会到工作的意义。

4）目标激励。设置适当的目标，引导个人目标与其相符，从而调动人的积极性。

5）容许失败的激励。团队鼓励创新，创新过程中必然伴随着失败，所以，容许失败本身也是一种激励。

3. 职位管理

随着新企业的发展，创业团队领导者要注重权力和地位的激励机制，将创业成员的工作成效和职业生涯发展、地位提升有效地结合起来，建立并维护好创业团队的运作原则，使团队成员可以共享领导角色，在各自的领域中发挥领导作用。构建一支优秀、稳定的团队，重要的是给个人提供广阔的发展空间。因此，在团队管理方面，最重要的一项职责就是要保证团队每一名成员得到发展。这样才能使成员对工作满意，从而激发其工作热情，创造更多的价值。

4. 联络感情

联络团队感情可以保持团队的士气和热情，控制情感性冲突，从而提高团队绩效。没有人喜欢在冷漠、生硬、敌对的团队中工作。一要尊重每个人，相互了解并体谅他人的难处。二要抽时间共处，这可以通过组织团队活动来实现。通过组织活动来联络团队感情一定要注意适度，太多的联络活动可能会让人们疲于应付，也让团队不堪重负。感情联络活动还要讲究策略，尽可能地让更多的人积极参与，获得大家的满意和认可，这样才能起到提高团队绩效的作用。

5. 企业文化

企业文化是指企业在创业及成长过程中逐渐形成的，为创业团队成员所接受、传播和遵从的基本信念、共同价值观、行为准则和角色定位等的总称。创业初期的企业存在着机构不健全、制度不完善等问题，此时的企业文化体现着一种“软”约束。通过对企业文化的认识，员工知道什么可以做，什么不可以做，哪些活动将受到瞩目和奖励，哪种类型的人才将得到重用。创业企业文化使员工产生心理认同并逐步内化为自觉行动和自我约束，从而真正达到规范约束的目的。同时，在资源匮乏、条件艰苦的创业环境下，通过共享价值观、信念及利益追求，创业企业文化将创业团队及全体员工凝聚在一起，增强了企业的凝聚力。

复盘评价

<table>
<tr><td>项目名称</td><td>组建创业团队</td><td>姓名</td><td></td><td>日期</td><td></td></tr>
<tr><td>班级</td><td></td><td>团队成员</td><td colspan="3"></td></tr>
<tr><td colspan="6">用思维导图对任务步骤进行总结，每个步骤均需体现出自己实践的内容。</td></tr>
</table>

评价指标	评价要素	分值	自我评价 30%	组内互评 30%	教师评价 40%
任务执行	是否认真思考，是否在规定时间内完成全部任务	15			
思维训练	是否能运用学习过的思考方法发现问题、分析问题、解决问题；是否能做出有利于个人创业素质与能力提升的决策	15			
技能提升	是否掌握了创业素质和能力提升计划的制定方法；是否掌握了创业团队组建的程序和股权分配的方法；是否学会明确和描述创业团队各岗位的职责；是否学会制定科学合理的创业团队管理制度	40			
沟通表达	是否表达清晰，表述恰当	15			
反思改进	在任务实施过程中是否认识到自己的优势和不足，是否有改善不足的措施和办法	15			
合计		100			

项目六
筹集创业资金

能力与素质目标

- 了解大学生创业常用的融资渠道与方式
- 熟悉启动资金的类型和创业资金的常见管理方法
- 能根据创业企业的实际情况选择恰当的融资渠道与方式
- 学会预测创业启动资金、控制企业成本

任务1 掌握筹资方法

任务发布

小李是一名高职院校应届毕业生，准备自主创业。由于没有太多创业经验，他希望通过加盟的方式开始创业之路。经过先期考察，他决定加盟某品牌的奶茶店。奶茶店开业需要准备 30 万元的启动资金，但小李没有多少积蓄。假如你是小李的朋友，你有什么好办法？

任务实施

第一步：分组。5~6 人组成一个小组，通过头脑风暴法，在表 6–1 写出小李筹集创业资金的有效方法。

表 6–1 筹资方法 1

1. ____________________ ____________________ 2. ____________________ ____________________

（续）

3.____ ____ 4.____ ____ 5.____ ____ 6.____ ____ 7.____ ____ 8.____ ____

第二步：讨论。对于小微企业初创者来说，小组头脑风暴出来的办法可能有利有弊，请通过讨论记录下每一种筹资方法的利和弊，并填写表 6-2。

表 6-2　筹资方法 2

利与弊： 办法 1.____ ____ 办法 2.____ ____ 办法 3.____ ____ 办法 4.____ ____

（续）

办法 5. ____ ____
办法 6. ____ ____
办法 7. ____ ____
办法 8. ____ ____

第三步：组合。针对小组内想出的每一种筹资办法，查阅相关资料，了解其定义，然后帮助小李确认一种最佳的组合方式，填写表 6–3，并以小组为单位进行交流展示。

表 6–3　筹资方法 3

组合方式： ____ ____ ____
组合理由： ____ ____ ____ ____ ____ ____ ____

任务2　预测资金需求

任务发布

小李准备加盟开办奶茶店，在咨询后得到的答复是先期需要准备 30 万元。这 30 万元的用途主要分成三个部分：一是固定资产投资（价值较高、使用时间较长），二是流动资金（保证企业日常运转所需要的资金），三是开办费用。该奶茶店的总公司发给了小李一份启动资金的项目明细，见表 6–4，请你帮小李对这些项目进行归类。

表 6–4　启动资金的项目明细

序号	项目名称
1	车辆费用
2	店铺家具费用
3	奶茶制作设备费用
4	店铺租金费用
5	人员工资费用
6	社会保险费用
7	原材料费用
8	水电气费用
9	市场营销和促销费用
10	店铺装潢费用
11	加盟费用
12	营业执照费用
13	……

任务实施

第一步：归类。5~6 人组成一个小组，对总公司提供的启动资金的项目进行归类，并填写表 6–5。

表 6–5　启动资金项目归类

固定资产	流动资金	开办费

第二步：活学活用。每个同学请结合自己的创业想法和所在城市的实际情况，对创业项目的资金需求进行预测，填写表 6–6，并与小组成员进行交流分享。

表 6–6　资金需求预测

项目名称	固定资产	流动资金	开办费

任务3　管理创业资金

任务发布

小李一开始准备加盟开办一家奶茶店，在咨询总公司后得到的答复是先期需要准备 30 万元。在经过慎重考虑后，小李不准备采取加盟方式，但是决定用这 30 万元和朋友一起开办一家奶茶店。他们都认识到，在创业初期需要精打细算，并控制成本。但是两人都没有创业经验，请你站在小李的角度，思考应该如何管理创业资金，控制创业成本。

任务实施

第一步：头脑风暴。5~6 人组成一个小组，讨论小李如果开办奶茶店，有哪些控制创业成本的好办法，填写表 6–7，完成记录后以小组为单位进行交流。

表 6–7　控制创业成本的办法

序号	办法描述
1	
2	
3	
4	
5	
6	
7	
8	
9	
10	

第二步：制订创业资金使用计划。每位同学以 30 万元为总限额，帮助小李制订一份创业资金使用计划，填写表 6-8，然后在小组内进行交流讨论，以小组为单位，确定一份最终的计划。

表 6-8　创业资金使用计划

资金总额	项目名称	项目费用	用途
30 万元			

案例分析

大学生的创业路

某高职院校工商管理专业大二男生张某凭借打工、众筹得到了5万元，他用这些钱在学校附近开办了一家精品店，这家店在当地已小有名气。

张某有做手工艺品的技术。大一入校，面对众多社团招新，张某就对桌上摆满手工艺品的手工社感兴趣，很快成为少数几个加入手工社的男生之一，一有机会就学手工，从最简单的纸花、塑花、丝网花，到用串珠勾勒动物、卡通人物形象，用竹签、筷子等日常用品制作埃菲尔铁塔、吉他等。

随着手艺越来越纯熟，张某萌生了开一家精品店的想法。高考结束后他独自去上海一家餐厅当服务员，两个月挣了7000多元钱；大一寒假期间，他又在当地火车站附近找了一家餐馆做服务生，挣了6000多元钱。再加上他在网上筹集的2万元创业资金，以及向同学、朋友借的钱，张某顺利筹得了5万元启动资金。

经过一个多月的选址、筹划，他的精品店正式开业。货源除了从批发商那里进的货外，还有附近几所大学手工社的作品，以及他自己亲手做的手工作品。与众不同的货源，让张某有了“别人有的我这里都有，我这里有的别人不一定有”的自信。

经过6个月的苦心经营，除去成本，他几乎每天都会进账800元以上，平均月收入3万元。生意越来越红火，张某还特意聘请了2名全职员工和4名学生兼职帮他打工，他也可以腾出时间创作更多作品。

谈到未来规划，张某说，他准备再开几家精品店分店。

【思考】

1. 该案例给我们什么启示？

2. 如果你是张某，未来你将如何规划？

【案例分析】

俗话说“巧妇难为无米之炊”，没有钱是很难创业成功的。作为大学生来讲，由于没有收入来源，创业要学会去筹资。一般来说有如下几种方式：1. 寻求家人的支持；2. 政府提供的创业基金；3. 奖励政策支持；4. 向银行或金融机构贷款；5. 寻求风险投资；6. 找合伙人。

知识点拨

知识点 1：大学生筹集创业资金的渠道与方式

一般来说，创业离不开一定数量资金的支持。创业者计划创办一家新企业时都会面临这个问题：如何找到启动资金？资金对于创业企业犹如汽油对于汽车，是创业企业生存和发展所依赖的重要资源。然而，现实中许多创业企业都面临“融资难”的问题。因此，掌握融资渠道和技巧是新创企业的生存之道。

1. 依靠父母提供资金

依靠父母提供资金，是大学生创办企业筹资的主要来源，也是企业创业的原动力，没有家人的支持，创业很难顺利进行。因此，在创业初期，要发挥家人的力量来帮助自己创业。优点是：可长期使用，不需要还本付息；缺点是：大学生创业一旦失败，承担的风险较大，因而精神压力大。

2. 从亲朋好友处借钱

俗话说“一个好汉三个帮”，从亲朋好友处借钱创业也是寻找本钱的常见做法。优点：从亲朋好友处借钱创业靠的是人脉关系，因此，方便、快捷并且具有灵活性。缺点：一旦企业经营失败，亲朋好友会因收不回自己的钱而伤了感情。

3. 从供应商处赊购

赊购是指购买商品时不付现金，先记账，以后一次性或者分期还款。这是一种商业信用的形式，有利于供应商推销商品，而且一般情况下，贷款的利息早已经打入货价。但在企业成立之初，从供应商处赊货很难，因为供应商对企业的经营及未来状况不了解。因此，企业很难从供应商处赊到货。

4. 银行（金融机构）贷款

银行贷款是指银行根据国家政策以一定的利率将资金贷放给资金需要者，并约定期限归还的一种经济行为。银行贷款被誉为创业融资的“蓄水池”，在创业者中很有“群众基础”。

5. 寻找“天使投资人”

天使投资人又被称为投资天使，天使投资是权益资本投资的一种形式，指具有一定净财富的个人或者机构，对具有巨大发展潜力的初创企业进行早期的直接投资，属于一种自发而又分散的民间投资方式。天使投资人可以分为如下几种类型：富有的个体投资者，家族型投资者，天使投资联合体，合伙人投资者等。以天使投资人的背景来划分，天使投资人可以分为管理型投资者、辅助型投资者以及获利型投资者等。

知识点 2：大学生创办企业能享受到政府的优惠政策

为了促进大学生创业，各级政府相继出台了注册、贷款、税费、培训等方面的优惠政策。这些优惠政策可以分成两大类：一是服务优惠，如登记注册优惠，培训、信息服务方面的优惠，政府为鼓励创业而提供培训以及信息发布等。二是经济优惠，如金融贷款优惠，优先贷款支持、适当发放信用贷款；简化贷款手续；利率贴息优惠，对创业贷款给予一定的优惠利率扶持，视贷款风险度不同，在法定贷款利率基础上可适当下浮或上浮；税费的减免，如针对环保型创业实施减税政策，给予培训费用优惠等。大学生可以通过所在学校的创新创业教育机构、当地公共就业和人才服务机构和当地政府部门网站了解查询相关政策。

知识点 3：大学生预测创业启动资金

（一）类型

1. 固定资产投资

固定资产投资指为企业购买的价值较高、使用寿命长的东西。有的项目用很少投资就能开办零售业、服务业等；而有的项目却需要大量的投资才能启动，如生产制造业。创业者应根据企业的法律形态和自身情况以最少的资金投入获得最大的固定资金利用率，让企业少担风险。

2. 流动资金

流动资金是企业维持日常运转所需要支出的资金。

（二）固定资产投资预测

固定资产投资是企业开业时必备的投资，而且其回收期较长，有可能是几年后才能收回这笔钱。这项投资一般包括场地、建筑物和设备的费用。

1. 场地、建筑物

一是租用办公室或生产厂房；二是购买现成的办公室或生产厂房；三是自己建造需要的办公室或生产厂房。

2. 设备

设备是指企业需要的所有机器、工具、工作设施、车辆、办公家具等。

（三）流动资金预测

企业若没有原材料、员工、充足的货币资金做保证，则不能正常进行生产运营。流动资金一般包括以下内容。

1. 采购资金

俗话说“巧妇难为无米之炊”，无论是生产企业、服务业还是商业企业，必须有足够的库存保证生产和运营的顺利进行。预计的库存越多，所需要的采购资金也越大。因此，要将库存降低到最低限度，以保证流动资金的流动性。

2. 人工费

人工费是指用人单位依据国家有关规定和劳动关系双方的约定，以货币形式支付给员工的劳动报酬。如月薪酬、季度奖、半年奖、年终奖。但依据法律、法规、规章的规定，由用人单位承担或者支付给员工的下列费用也应计入人工费预测中：一是社会保险费；二是劳动保护费；三是福利费；四是用人单位与员工解除劳动关系时支付的一次性补偿费等。此项支出也是流动资金中重要的支出。

3. 日常工作支出

企业为了维持正常的运营，除了有相关的场地、原材料和库存商品和员工支出外，还会发生相关的办公支出，包括电话费、网络费、招待费等。这些费用在现代企业中也包括在日常工作支出中。

4. 广告费用

一个新的企业，为了让外界了解自身及产品，应扩大宣传，树立企业形象，促销企业产品，这就有了广告宣传，产生了广告费用。

5. 场地租赁费

如果企业的经营场地或设备是租赁来的，在企业开办之初还应支付相应的租赁费。租金一般是按季或年预付，因而会占用更多的流动资金。

6. 其他费用

企业的日常经营需要大量的流动资金，除以上所列之外，企业还可能发生许多其他支出，如差旅费、设备维护费、车辆使用费用等，这些都会占用一定量的流动资金。

知识点 4：创业资金的管理方法

1. 制订预算

在开始创业之前，需要根据业务计划制订预算。预算应该包括所有开支，如租金、员工工资、采购成本、市场营销费用等。

2. 管理现金流

现金流是创业公司成功的关键因素之一。创业公司应该实施有效的现金流管理策略，确保现金流正常。这包括监控现金流、加强收款管理、控制成本、确保库存水平适当等。

3. 制订投资计划

如果需要融资，制订一个清晰的投资计划将有助于吸引投资者。投资计划应该包括融资需求、资金用途、融资方式、预期收益等信息。

4. 控制成本

创业公司需要控制成本，以确保公司在没有获利的情况下保持可持续性发展。这包括降低运营成本、寻找价廉质优的供应商、提高运营效率等。

5. 监控绩效

创业公司应该建立指标，监控业务绩效。这些指标包括销售额、利润、市场份额、客户满意度等。

6. 建立紧急资金

紧急资金用于支付意外开支或应对经济下滑等风险。

7. 寻找额外来源

创业公司可以寻找额外的收入来源，以缓解资金压力，比如提供咨询服务、开发新产品或服务等。

复盘评价

<table>
<tr><td>项目名称</td><td>筹集创业资金</td><td>姓名</td><td></td><td>日期</td><td></td></tr>
<tr><td>班级</td><td></td><td>团队成员</td><td colspan="3"></td></tr>
<tr><td colspan="6">请以团队为单位，现学活用，对于固定资产、流动资金和开办费分别进行举例，总计列出项目不少于 20 项。（5 分钟）</td></tr>
</table>

评价指标	评价要素	分值	自我评价 30%	组内互评 30%	教师评价 40%
任务执行	是否认真思考，是否在规定时间内完成全部任务	15			
思维训练	是否能运用学习过的思考方法发现问题、分析问题、解决问题；是否能做出有利于个人创业素质与能力提升的决策	15			
技能提升	是否掌握了创业启动资金的类型；是否学会了对每种类型的科学预测	40			
沟通表达	是否表达清晰，表述恰当	15			
反思改进	在任务实施过程中是否认识到自己的优势和不足，是否有改善不足的措施和办法	15			
合计		100			

项目七 构建商业模式

能力与素质目标

- 强化以创新的商业模式助力现代产业体系建设的意识
- 了解商业活动的本质
- 理解商业模式设计的核心构成要素
- 掌握商业模式画布绘制的方法
- 能运用商业模式设计的策略和技巧，设计创业项目的商业模式

任务1 识别商业模式核心要素

任务发布

什么是商业模式呢？每一个创业者在设计创业项目的时候，都要涉及商业模式的问题。因此，创业大学生必须了解商业模式的定义及其核心要素，并应构建属于自己企业的创新的商业模式。

李军创业团队通过头脑风暴法，列出了创业项目清单，选择了制造业环保类的创业项目，接下来就是要识别商业模式的核心要素。

任务实施

各小组针对遴选的创业项目，参照“知识点拨”中图 7–2 识别创业项目的商业模式 9 大核心要素，在表 7–1 中绘制创业项目的商业画布。

表 7-1　创业项目商业画布

任务2 设计商业模式

任务发布

商业模式是一个企业获取利润的商业逻辑创业者可以和熟悉其行业的人士沟通及分享商业模式，这是商业模式改良和创新的有效途径之一。

李军小组在识别商业模式 9 大核心要素后，对市场现有的商业模式进行了学习和研究，接下来，就要设计创业项目的商业模式，凸显商业模式的创新特征。

任务实施

按照商业模式设计的方法和流程，设计创业项目的商业模式，应体现商业模式的创新性，填写表 7–2。

表 7-2 商业模式流程图及创新性

商业模式流程：
创新与特色描述：

任务3 检验商业模式

任务发布

商业模式合理性的标准是能不能可持续性地带来盈利。基本上是通过收入来源、成本结构、所需要的投资额、成功的关键资源这四个方面，就能够判断商业模式是否合理。如果商业模式不合理，则需要调整策略。

李军小组画出了创业项目的商业画布，并设计了创业项目的商业模式，但是不清楚这一商业模式是否合理，接下来，需要检验其商业模式的合理性。

任务实施

通过创业项目的收入来源、成本结构、所需要的投资额、成功的关键资源来检验其商业模式的合理性，填写表 7–3。

表 7–3　商业模式合理性检验表

检测维度	主要内容	是否合理	调整策略（如合理则不需填写）
收入来源			
成本结构			
所需要的投资额			
成功的关键资源			

案例分析

唯品会的商业模式

一、价值主张

唯美：专业团队的唯美设计，充分展示出各品牌商品的特点；品位：选择中高端层次的品牌格调，用心去领略一种高品质的生活内涵；时尚：最 IN 的时尚资讯，最潮流的名牌折扣，打造最新一代的“时尚会”。

二、目标客户定位

唯品会最初定位的客户群为 20~35 岁的年轻白领及年轻的品牌爱好者，但据相关数据显示，近三年，唯品会新增用户中，青年学生占了很大一部分比重，所以，近两年唯品会的客户定位范围更广，年龄层拓展为 18~40 岁，包括学生群体、白领、家庭主妇。

三、合作伙伴网络

唯品会与数百家品牌签订了独家特卖平台的合作，形成良性循环，更多的供应商加入唯品会的阵营。在消费者方面，具有匹配消费能力的网购用户规模庞大，加上控股乐蜂网后，客户群体之中女性群体占绝大部分。

四、分销渠道

唯品会之前的物流大部分采用的是外包的形式，这对唯品会来说是一项巨大的成本开支。而且由于商品本身价值较高，为保证品质，又不能采用廉价物流配送。唯品会便开始实施全国分仓战略，并对物流仓储系统进行改造。唯品会的物流建设分为两大部分：在部分省市收购一些优质的物流快递公司和自建物流。

五、盈利模式

唯品会率先在国内开创了“名牌折扣＋限时抢购＋正品保险”的商业模式，也被称为“闪购”模式。加上其“零库存”的物流管理以及与电子商务的无缝对接模式，唯品会得以在短时间内在电子商务领域生根发芽，成为全球领先的特卖电商。

唯品会商业模式画布如图 7-1 所示。

<table>
<tr><td rowspan="2">重要伙伴
• 强大的供应商网络
• 联合太平洋保险，推出了正品担保服务</td><td>关键业务
• 奢侈品电子交易
• 自建仓库
• 售后服务</td><td rowspan="2">价值主张
“消费者满意”是唯品会最大的追求目标。因此，唯品会坚持以安全诚信的交易环境和服务平台，为会员提供优质、高效、愉悦的售卖服务，以提升消费者满意度为己任，为消费者提供畅快、安全、放心、便捷的消费流程体验和服务</td><td>客户关系
• 购物体验
• 无条件退货
• CSC呼叫系统</td><td rowspan="2">客户细分
• 奢侈品消费者
• 高档消费者
• 二、三线品牌偏好者</td></tr>
<tr><td>核心资源
• 折扣商品
• 服务规划
• 仓库网络</td><td>渠道通路
• 电子交易平台
• 仓储物流</td></tr>
<tr><td colspan="3">成本结构
• 进货费用
• 物流费用
• 库存管理费用</td><td colspan="2">收入来源
• 通过线上电子交易，直接获取销售与进货之间的毛利润</td></tr>
</table>

图 7-1　唯品会商业模式画布

【思考】

1. 结合案例，说明设计商业模式的流程是什么？

2. 通过案例，阐述如何创新商业模式？

【案例分析】

商业模式设计既要像传统企业一样，培养良好的企业文化、目标客户和核心竞争力，又要建立起独有的网络分销与物流系统。通过不断地对企业价值主张，目标客户定位，建立合作伙伴网络、分销渠道、盈利模式，更好地促进企业发展。

知识点拨

知识点 1：商业活动的本质

商业的第一要义要有顾客价值，即有需求的群体。顾客价值的实现需要产品流、信息流和资金流的不同方式的组合，即商业活动本质是产品流、信息流、资金流合一的反复循环的活动。

产品流即是商品流，是指商品的物质形式在地域上的运动，是国际或地区间经济协作和地域分工的物质表现形式。简单来说，产品流是指一件商品从生产到终端消费者的运动过程。

信息流是指信息的传播与流动，是物流过程的流动影像，信息流分三个过程：采集、传递和加工处理。信息流的内容既包括商品信息的提供、促销行销、技术支持、售后服务等，也包括诸如报价单、付款通知单等商业贸易单证，还包括交易方的支付能力、支付信誉、中介信誉等。信息流可以简单理解为产品信息到达消费终端，并对消费产生影响的过程。

资金流就是指在营销渠道成员间随着商品实物及其所有权的转移而发生的资金往来流程，也可以简单理解为钱的流转。

随着时代的发展和进步，商业的具体形式也会发生变化，这些变化体现在客户与商户之间，产品、信息、资金三个要素的不同组合会产生不同的商业模式。

知识点 2：什么是商业模式？核心要素有哪些？

哈佛商学院教授克莱顿•克里斯滕森认为，商业模式就是创造和传递客户价值以及公司价值的系统。商业模式应是一个特定公司的商业逻辑，是对顾客价值的描述，是对公司的构架和它的合作伙伴网络和关系资本产生营利性和可持续性的收入流的描述。如图 7–2 所示，商业模式的 9 大核心要素分别是：客户细分、价值主张、渠道通路、客户关系、收入来源、核心资源、关键业务、重要伙伴以及成本结构。创业企业参照这 9 个核心要素就可以确定企业的商业模式。

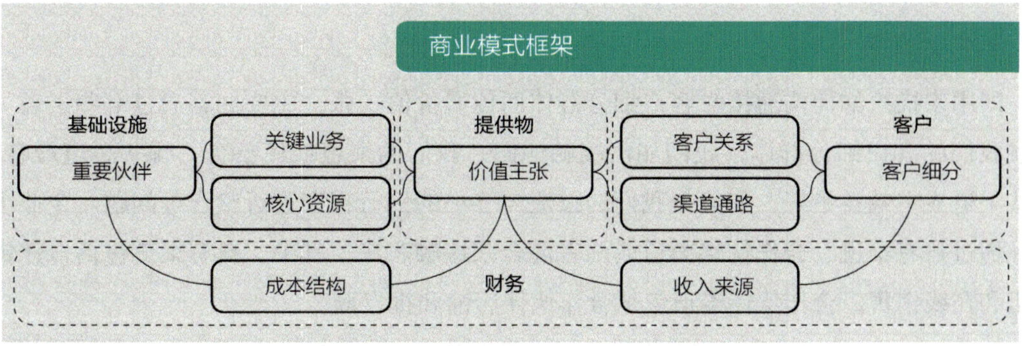

图 7–2 商业模式 9 大核心要素

1. 客户细分

即用来描述想要接触和服务的不同人群或组织，主要回答我们正在为谁创造价值和谁是我们最重要的客户这两大问题。通常来讲，我们将客户细分为三种群体类型。

第一种是大众市场客户。价值主张、渠道通路和客户关系全都聚集于一个大范围的顾客群组，客户具有大致相同的需求和问题。

第二种是利基市场客户。价值主张、渠道通路和客户关系都针对某一利基市场的特定需求来定制，通常可以在供应商与采购商的关系中找到。

第三种是多元化市场客户。经营业务多样化，以完全不同的价值主张来迎合完全不同需求的客户细分群体。

2. 价值主张

用来描绘为特定客户细分创造价值的系列产品和服务，主要回答我们该向客户传递什么样的价值，我们正在帮助客户解决哪一类难题，我们正在满足哪些客户需求，以及我们正在提供给客户细分群体哪些系列的产品和服务等问题。

价值主张的要素主要包括以下几个方面。

第一是新颖。产品或服务满足客户从未感受和体验过的全新需求，改善产品和服务性能是传统意义上创造价值的普遍方法。其中，定制化是以满足个别客户或客户细分群体的特定需求来创造价值。

第二是完善。可通过帮客户把某些事情做好而简单地创造价值。

第三是品牌。客户可以通过使用特定品牌的产品而发现其高价值，或以更低的价格提供同质化的价值，满足一些价格敏感客户的成本削减需求，因为帮助客户削减成本也是创造价值的重要方法。

第四是风险抑制。即帮助客户抑制风险，也可以创造客户价值可达性，把产品和服务提供给以前接触不到的客户。

第五是便利性。通过使事情做起来更方便或易于使用而创造出更可观的价值。

3. 渠道通路

即用来描绘如何沟通接触客户细分群体而传递价值主张，主要回答通过哪些渠道可以接触我们的客户细分群体，我们如何接触他们，我们的渠道如何整合，哪些渠道最有效，哪些渠道成本效益最好，如何把我们的渠道与客户的例行程序进行整合等问题。企业可以选择通过自有渠道、合作伙伴渠道或两者混合来接触客户。其中，自有渠道包括自建销售队伍和在线销售，合作伙伴渠道包括合作伙伴店铺和批发商。

4. 客户关系

客户关系是指企业为达到其经营目标，主动与客户建立起的某种联系。这种联系可能是单纯的交易关系，也可能是通讯联系，也可能是为客户提供的一种特殊接触机会，还可能是为双方利益而形成某种买卖合同或联盟关系。客户关系主要回答每个客户细分群体希望我们与其建立和保持何种关系，我们已经建立了哪些关系，这些关系成本如何，如何把它们与商业模式的其余部分进行整合等问题。

5. 收入来源

用来描绘从每个客户群体中获取的现金收入，但是需要扣除成本，主要回答什么样的价值能让客户愿意付费，他们现在付费买什么，他们是如何支付费用的，每个收入来源占总收入的比例是多少等问题。

一般来说，收入来源可分为七种类型。一是资产销售，即销售实体产品的所有权；二是通过特定的服务收费；三是订阅收费，销售重复使用的服务；四是租赁收费；五是使用权的授权收费，或者知识产权的授权使用；六是经济收费，提供中介服务收取佣金；七是广告收费，提供广告宣传服务收取佣金。

6. 核心资源

即用来描绘让商业模式有效运转所必需的最重要的因素，主要回答我们的价值主张需要什么样的核心资源，我们的渠道通路需要什么样的核心资源，我们的客户关系需要什么样的核心资源，我们的收入来源需要什么样的核心资源等问题。

一般来说，核心资源可以分为实体资产、知识资产、人力资源和金融资产。实体资产包括生产设施、不动产、系统、销售网点和分销网络等。知识资产主要包括品牌、专有知识、专利和版权、合作关系和客户数据库。人力资源主要指相关行业或产业的优秀人才，特别是在知识密集型产业和创意产业中显得尤为重要。金融资产包括金融资源或财务担保，如现金、信贷额度或股票期权等。

7. 关键业务

即用来描绘为了确保其商业模式可行而必须要做的最重要的事情，主要回答我们的价值主张需要哪些关键业务，我们的渠道通路需要哪些关键业务，我们的客户关系需要哪些关键业务，我们的收入来源需要哪些关键业务等问题。

一般来说，关键业务可以分为三种类型。一是制造产品，这与设计、制造及发送产品有关，是企业商业模式的核心；二是平台或者网络，网络服务、交易平台、软件等都可看成平台，与平台管理、服务提供和平台推广相关；三是问题解决，为客户提供新的解决方案，需要知识管理和持续培训等业务。

8. 重要伙伴

即让商业模式有效运作所需的供应商与合作伙伴的网络，主要回答谁是我们的重要伙伴，谁是我们的重要供应商，我们正在从伙伴那里获取哪些核心资源，以及合作伙伴都执行哪些关键业务等问题。

重要伙伴可以分为四种类型。一是非竞争者之间的战略联盟关系；二是竞争者之间的战略合作关系；三是为开发新业务而构建的合资关系；四是确保可靠供应的购买方与供应商关系。

9. 成本结构

即商业模式运转所引发的所有成本，主要回答什么是我们商业模式中最重要的固有成本，哪些核心资源花费最多等问题。

知识点 3：商业模式设计的方法

企业的目的是在市场中获得超额利润，商业模式的本质是以系统性的方式为企业获得超额利润而服务。成功的商业模式设计应该以创造企业价值为出发点，充分考虑参与者多方的利益诉求，优化社会资源以达到企业价值、客户价值与社会价值的协同创造。目前学界对商业模式的设计方法研究相对较少，主要观点如表 7–4 所示。

表 7–4　商业模式设计方法分类

序号	设计方法	设计原理
1	模仿法	以国内外商业模式作为参照，然后根据本企业的有关商业权变因素，如环境、战略、技术、规模等不同特点进行调整，确定企业商业模式设计的方向。采用参照法进行商业模式设计时一定要根据企业自身的情况加以调整和改进，创新地摸索出符合本创业企业的商业模式
2	相关分析法	相关分析法是在分析某个问题或因素时，将与该问题或因素相关的其他问题或因素进行对比，分析其关系或相关因素，运用有关商业模式设计的一般知识，使影响因素与商业模式一一对应，从而确定企业的商业模式。利用相关分析法，可以找出相关因素之间规律性的联系，研究如何降低成本，达到价值创造的目的
3	关键因素法	关键因素法是以关键因素为依据来确定商业模式设计的方法。商业模式中存在多个变量影响设计目标的实现，其中若干个因素是关键的和主要的成功变量。通过对关键成功因素的识别，找出实现目标所需的关键因素集合，确定商业模式设计的优先次序
4	价值创新法	对于一些从未出现过的商业模式，往往需要进行创新即通过价值要素的构建、组合等设计出新的商业模式

商业模式的设计包含以下过程。

第一，制定企业战略以确定产品或服务在市场中的最佳定位。

制定企业战略是构建一个优秀商业模式的起点，而企业战略的核心在于确定企业的业务范围，并且明确业务范围在市场竞争中所占据的位置。业务范围的确定回答了企业管理者企业应该找什么、抓什么、干什么的问题，让企业能够在庞大的信息数据时代准确地选择适合自己的信息。

业务范围的方式多种多样。具体来说，一是企业从产品或服务的优势出发，对自己的业务范围进行确定。二是根据核心资源能力确定自己的业务范围。三是依据企业所处的行业价值链环节确定其业务范围，如品牌制造商、供应商、零售商等。

第二，分析客户的价值需求以锁定目标客户。

锁定目标客户是商业模式创造价值的基础。确定企业的目标客户群体意味着企业需要考虑如何在实体或概念化的群体中划分出能创造价值的那一部分。客户群体可以有多种多样的划分方法，如从市场概念出发，可以分为创造性市场划分和已有市场的“重新划分”。创造性市场划分是指借助统计学、心理学、经济学等知识设定一个新的模型，根据新模型来划分目标群体。已有市场的“重新划分”是在现有的基础上进一步发现别人没想到的新划分。从客户群体的需求偏好出发，把分析客户需求作为最重要的划分标准，即综合多种学科，通过科学的测量与评价方式，甄别潜在客户或已有客户现有的或潜在的需求，将用户的需求转化为新的创业机会，进而衍生出新的产品或服务。例如，七天连锁酒店独辟蹊径地挖掘出消费能力处于中低水平的游客的个体需要，为这部分游客提供了更为便捷和低价的酒店住宿服务，满足了中低层次消费者的需求，受到了游客的好评。

第三，构建企业特有的业务系统，服务好商业模式各个环节的价值创造。

构建企业特有的业务系统，需要企业针对不同的消费群体和服务群体有针对性地开展相关的交易和服务，将与企业相关者都纳入一个统一的价值链中进而开展相关活动。一方面要制定出科学合理的利益分配机制，以价值创造的多少为原则，打造强有力的内部刺激效应，构筑商业模式内部运作价值链。另一方面要疏通、拓宽利润渠道，以互利共赢为原则构筑商业模式外部运作价值链。

此外，业务系统中利益相关者之间形成的关系网络也是一套复杂的运行机制，深嵌于企业价值链之中。

第四，构建独特的盈利模式。

盈利模式是一种可靠的、基于现实的程序，用于全方位考虑企业的具体情形。能向客户展示如何将必须实现的财务目标、企业的外部现实和内部活动（包括战略、经营活动、人员的选择和开发、组织的结构和流程）联系在一起。

同一行业的企业，定位和业务系统不同，盈利模式也不同。即使定位和业务系统相同的企业，盈利模式也可以千姿百态。但不同的盈利模式都是传统盈利模式概念下的表现形式，按照传统盈利模式划分的商业模式，如开放式商业模式、绑定式商业模式、会员免费式商业模式、佣金式商业模式、B2C、C2C 等也都是传统盈利模式下商业模式在实践中的具体应用。由此，企业构建科学独特的盈利模式对构建长效科学的商业模式具有战略意义。

第五，构建企业的资本运作模式以提高企业产品的附加值。

以价值为基础的商业模式设计中，起点是价值发现，中间是价值创造活动（包括价值主张、价值创造、价值配置），终点是价值的优化，即依靠一系列的资本策略来实现。数据化和商标化时代的到来，需要企业采取更多的资本运作来完成企业要素投入要素产出的转化，进一步提高企业产品的附加值以吸引更多的客户群体。

知识点 4：常见商业模式介绍

1. 按照收入来源的不同划分

（1）实物商品的商业模式　当企业的产品是商品或货物时，其商业模式通常比较简单，主要分为以下四种。

1）自己生产并销售，由企业包办生产到销售的全过程，多数制造业都是采取这类商业模式。

2）自己生产但不直接销售，将生产出去的产品交给分销商销售。

3）外包生产，自己销售。企业把生产环节整个外包给其他企业，只保留销售环节。适合那些知名度较高，但是没有生产线，只能通过让其他企业代工的方式生产产品的企业。

4）只销售，不生产。企业作为分销商，或是提供销售商品的交易市场。

（2）广告模式　通过广告获取收入的商业模式多见于传媒行业和互联网行业，主要有以下几类商业模式。

1）展示广告。展示广告通常是按照展示的位置和时间来收费的，这也是最为常见的一类模式。

2）广告联盟。指的是将中小网络媒体资源整合成一个联盟，再借助联盟平台实现广告投放，同时监测统计广告投放数据，广告主按照投放广告的实际效果向联盟会员支付广告费。

3）电商广告。这一类广告常见于各大电商平台，电商广告通常按照销售额提成付费。

4）软文。与硬性广告相比，软文是由企业市场策划人员或广告公司的文案人员负责编写的“文字广告”，一篇合格的软文能够将广告内容和文章内容完美结合在一起，使读者在获取信息的同时，也了解广告的内容。

（3）交易平台模式　交易平台作为第三方平台，能够有效保证交易双方在进行交易时的安全、诚信等一系列问题，主要分为以下两类。

1）实物交易平台。交易双方通过实物交易平台进行商品的交易，由平台从中抽取佣金。天猫便是实物交易平台的典型代表。

2）服务交易平台。交易双方在服务交易平台中提供和接受服务，平台同样从中抽取佣金。滴滴出行就是服务交易平台的代表。

2. 按照收费方式的不同划分

（1）直接向用户收费　企业为了获取收入，通常会选择直接向用户收费的方式，但是如果收费方式太过于直接，很可能会造成用户的流失。所以创业者可以参考以下几种收费方式。

1）定期付费。相对于一次性支付较多金额的一锤子买卖，消费者更倾向于单笔付费金额较小，但需要定期付费的商业模式。QQ、饿了么、知乎以及各类视频网站的会员权益，就可以选择按月 / 按年付费。

2）按需付费。按需付费指的是只有当消费者产生购买需求时，才需要支付相应的费用。比如百度文库，在用户想要下载某个文件时，仅仅需要支付这一个文件所需的费用后，便能够获得这一文件。

3）打印机模式。打印机的商业模式指的是首先让消费者以相对较低的价格购买到一个基础性设备，例如打印机，消费者如果想要使用这一设备，那就需要再支付相对较高的价格购买配件，比如墨盒等耗材。

（2）免费增值模式　免费增值模式的商业模式在于，企业投放产品或服务让用户免费使用，借助口碑传播积累大量的有效用户后，再向这些用户提供增值的附加服务或在原有版本上提供增强版本，通过这些付费的增值服务来收回成本、赚取利润。只要企业前期积累的用户数量足够大，哪怕只有1%的免费用户转化为付费用户，也足够让企业获得大量收益。免费增值模式在具体操作时，企业能够对免费用户的使用次数、使用功能和使用时间加以限制，还能够通过应用内付费，试用期限免，核心功能免费、其他功能收费等方式将更多的免费用户转化为付费用户。

3. 按照面向用户的不同划分

按照面向的用户不同，商业模式可以分为 To B 和 To C 两类。To B 就是 To Business，也就是面向企业或者特定的用户群体。To B 行业的好处是，无论企业的规模多小，只要可以在技术上取得突破，提供高性价比的产品，就有可能被下游大客户选中，出现爆发式的增长。缺点是没有品牌的优势，技术路线易变，难以形成稳定的“护城河”。To C 则是 To Customer，也就是面向消费者。To C 行业的好处是，只要企业的品牌强势且具备受大众欢迎的好产品，消费者复购情况就好，其潜在的消费者几乎是无限的。缺点在于行业中的新企业难以在竞争中取得优势。To B 和 To C 企业的商业模式也有很大的不同。

（1）To B 商业模式

1）横幅、竞价与效果广告。

对于 To B 企业而言，通过广告获取收入是较为常见的商业模式。除了上文中介绍的几类常见广告形式，还可以根据推广方式及收费依据的不同，再细分为横幅广告、竞价广告与效果广告。横幅广告是网络广告最开始所采用的形式，也是当下最普遍的形式，它主要以长方形公告牌的形式横跨于网页上，每当用户点击它们的时候，就能够连接到广告主的页面；竞价广告则是由用户自主投放与管理，通过调整价格来排名，凭借广告效果进行付费的新型网络广告形式。效果广告则是以效果为基础的广告系统，广告主仅仅为可衡量的结果付费，大数据作为效果广告的支撑，可以为广告找到精准的用户做投放，把广告推送到想要观看这一部分广告的人群面前。

2）会员服务。

在 To B 商业模式中，客户主要指的是企业。会员服务旨在使企业和消费者随时维持良好的联系，进而引导消费者重复消费，提升客户忠诚度，助推企业业绩的提升。会员服务一定能够节约用户时间，提高用户效率，提供更多、更热门的资源或增值服务，以极致的性价比实现用户价值的最大化。

（2）To C 商业模式

1）会员服务。

在 To C 商业模式中，客户主要指的是消费者。提供 To C 会员服务的企业有很多，几乎涵盖了我们的衣食住行各个方面。

2）产品付费。

产品是满足消费者需求的商品或服务，可以被分为有形产品和无形产品。有形产品具备实物形态，比如手机、电脑、冰箱等；无形产品主要提供服务，比如旅游、理发、咨询等，尽管无形产品没有实体形态，但其依旧可以解决消费者的需求。消费者对产品付费的前提是，这款产品对于消费者来说是有价值的。

3）内容付费。

内容付费就是借助知识付费平台，把媒体、教育的知识内容转化为图文、音频、电视剧、书籍、杂志、公众号文章、视频等形式进行变现，也就是将内容变成产品或服务，从而实现商业价值。

知识付费属于内容付费，在这一模式中，消费者作为知识的接收者，为其所阅览的知识付出资金的行为就是知识付费。近年来，消费者对知识的渴求加快了这一商业模式的发展。比如，喜马拉雅 FM 举办的“123 知识狂欢节”，知乎上线“知乎 live”等行为都是为了吸引消费者为知识和内容付费。

创业者在决定哪一种商业模式最适合自己之前，务必要先了解目标客户群体的特点和付费意愿，然后再做决定，这样往往能够起到事半功倍的效果。

知识点 5：商业模式的合理性检验

商业模式合理性的标准是创业企业能不能可持续性地盈利，创业者可以从收入来源、成本结构、所需要的投资额、成功的关键资源四个方面评估企业可持续盈利的能力，从而检验商业模式的合理性。

创业企业可以通过三步法检验商业模式。

第一是商业模式的故事性检验。商业模式检验的最简单方式。以讲故事的方式客观讲述运营过程，其中运营中必备的参与各方（客户、供货商、分销商）的参与方式明显有违常理或者根本不成立，则通不过故事性检验。

第二是商业模式的逻辑性检验。从直觉的角度考虑故事的逻辑性，隐含的各种假设是否符合实际或在道理上说得通。如果商业模式所讲的故事没有意义，企业运营中必备的参与各方（客户、供货商、分销商）不按照假设行动，则该商业模式不能通过逻辑检验。

第三是商业模式的数字性检验。对市场的规模和盈利率、消费者的消费行为和心理、竞争者的战略和行动进行分析和假设，从而估计出关于成本、收入、利润等量化的数据，评价经济可行性。当测算得出的损益达不到要求时，则该商业模式不能通过数字检验。

商业模式检验的常用工具 - 销售漏斗

销售漏斗是一个非常直观的销售机会状态统计报表。通常情况下，把每一个阶段的销售机会的数量用一个横条图代表的话，因为每个阶段的数量不一样，所以横条也就有长有短，如果把所有的图按照阶段靠前的在上的规则进行上下排列的话（比如“需求了解”阶段的客户就应该排在“签订合同”的客户的上面），由于一般情况下整个销售机会中阶段越靠前数量越多，阶段越靠后数量越少，所以整个图形为漏斗状，因此叫销售漏斗。销售漏斗的意义在于，通过直观的图形方式，指出公司的客户资源从潜在客户阶段，发展到意向客户阶段、谈判阶段和成交阶段的比例关系，或者说是转换率。

复盘评价

<table>
<tr><td>项目名称</td><td>构建商业模式</td><td>姓名</td><td></td><td>日期</td><td></td></tr>
<tr><td>班级</td><td></td><td>团队成员</td><td colspan="3"></td></tr>
<tr><td colspan="6">用思维导图对任务步骤进行总结，每个步骤均需体现出自己实践的内容。</td></tr>
</table>

评价指标	评价要素	分值	自我评价 30%	组内互评 30%	教师评价 40%
任务执行	是否认真思考，是否在规定时间内完成全部任务	15			
思维训练	是否能运用学习过的思考方法发现问题、分析问题、解决问题；是否能做出有利于个人创业素质与能力提升的决策	15			
技能提升	是否掌握了商业模式设计的方法；是否掌握了商业画布绘制的方法；是否学会了检验商业模式合理性的方法	40			
沟通表达	是否表达清晰，表述恰当	15			
反思改进	在任务实施过程中是否认识到自己的优势和不足，是否有改善不足的措施和办法	15			
合计		100			

项目八
创办你的企业

能力与素质目标

- 了解各类企业法律形态的特点
- 熟悉并能够选择合适的企业法律形态
- 掌握企业命名的方法
- 了解企业选址的主要影响因素
- 熟悉企业登记注册的步骤
- 培育大学生创业者的法治素养

任务1 选择合适的企业组织形式

任务发布

创业者在创业时要选择一个合适的创业组织形式，而每种创业组织形式各有其利弊，选择恰当，便可减少风险；反之，则可能会带来巨大的隐患。

小李决定和朋友合伙开办奶茶店，制订了创业计划，获得了创业启动资金。但是在决定创办什么类型的企业（企业组织形式）时却犯了难，请站在小李的角度，为他选择合适的企业组织形式。

任务实施

一般来说，企业组织形式有个体工商户、个人独资企业、合伙企业和公司企业等不同类型。各小组结合自己了解的信息，通过讨论完成表 8-1。

表 8-1　小微企业法律形态特征比较表

法律形态特征	个体工商户	个人独资企业	合伙企业	公司企业
依据的法律				
企业性质（是否为法人企业）				
投资人数				
注册资本要求				
出资形式				
投资主体（谁投资）				
经营主体（谁经营）				
成立条件				
缴税特点				
利润分配				

任务2 选择合适的企业经营地点

任务发布

企业在选择地址时，既要符合国家的法律政策，也要尽可能降低投资成本，降低运营费，选择具有最佳经济效益、环境效益和社会效益的经营地点，使企业具有市场竞争力。接下来，请站在小李的角度，为他选择合适的奶茶店经营地点。

任务实施

各小组讨论后，在表 8-2 中写出在不同企业选址时要着重考虑的因素和理由，然后为小李选择一个合适的经营地点。

表 8-2　不同企业选址时要考虑的因素和理由

企业	着重考虑的选址因素	理由
咖啡店		
高新科技企业		
物流企业		
服装店		
小型服装代加工工厂		
连锁餐饮店		

任务3 办理企业注册登记手续

任务发布

小李打算正式创办企业了，听朋友说要到工商行政管理部门办理登记手续，获得营业执照后才可以经营。请帮助小李了解企业注册登记的手续。

任务实施

表 8–3 列出了相关手续的名称，请各小组讨论并对这些手续按照先后顺序进行排序，在表中用数字标注出来。可以在本项目的“知识点拨”中查询各项手续的含义。

表 8–3　企业注册登记手续名称表

手续名称	顺序（按顺序用数字标注）	备注
备案刻章		
确定公司注册地址		
验资		
税务报到		
预先核准企业名称		
开设企业基本账户		
进行商标注册		
前置和后置审批		
进行社会保险登记		
申领营业执照（三证合一，一照一码）		

案例分析

小米汽车选址

2021 年 3 月，小米正式披露了将开启造车业务。2021 年 9 月 2 日，据国家企业信用信息公示系统显示，小米汽车有限公司的登记机关为“北京经济技术开发区市场监督管理局”，其住所位于“北京市北京经济技术开发区科创十街 15 号院 5 号楼 8 层 816 室”，这也意味着，小米汽车最终落地于北京。

随后，关于小米汽车选址的问题，也成为业界关注的焦点。此前，武汉、合肥、北京、上海等地都被传出可能成为小米汽车的落地城市，但最终结果小米却迟迟未公布。小米集团总裁王翔谈及造车落地问题时还表示，“过去很长一段时间都在仔细评估、调研小米造车落地地点，这是一个非常复杂的问题。”

小米汽车最终花落北京，原因如下。政策对于企业落地的吸引作用是巨大的，此前曝出的候选城市，对于新能源汽车也都有相应的扶持政策。那么小米的最终落地点——北京亦庄，又有何更具吸引力的政策？

根据 2021 年 3 月发布的《中国（北京）自由贸易试验区高端产业片区亦庄组团首批产业政策》，该政策明确提出了“打造新能源及高端汽车产业发展核心承载地”的目标，并针对不同的条件设定了最低 3000 万元、最高 1 亿元的资金支持政策。

根据《北京市智能网联汽车政策先行区总体实施方案》，包括亦庄新城 225 平方公里规划范围在内的区域，都成为政策先行区。在政策先行区内，智能网联汽车道路测试的管理办法将得到进一步优化，此外，政策先行区也将支持智能网联场景试运行及商业运营服务，同时，政策先行区也被支持制定自动驾驶新产品应用办法。总而言之，政策先行区在面对智能网联汽车时，将提供创新且包容的市场环境，而道路测试、场景试运行等方面的便利，对于刚刚起步的小米汽车而言，无疑十分具有吸引力。

【思考】

1. 结合案例，说明小米汽车选择落户北京的原因是什么？
2. 你希望政府能够为大学生创业出台哪些支持政策？

【案例分析】

企业经营地点的选择是创业者在创业初期面临的一大难题，而影响创业者选择的因素很多。企业的地址选择问题是一项政策性、技术性和经济性很强的综合性工作，是需要创业者牢牢把握的重要环节，影响着企业的长远发展。各地为支持当地创业型经济的发展，纷纷出台了许多政策支持创业，诸如税收优惠、小额贷款、中小企业信用担保、创业基地建设扶持政策等。创业者应结合自身情况利用好相关政策，以降低融资成本。

知识点拨

知识点 1：企业的法律组织形式

在市场经济条件下，企业会有多种形态，诸如合伙企业、合作社企业、公司企业和国有企业、集体企业。一般来说，企业选择的法律组织形式有个体工商户、个人独资企业、合伙企业和有限责任公司等不同类型。表 8–4 对四种小微型企业的法律形态特征进行了比较。

表 8–4　四种小微企业的法律形态特征比较

法律形态特征比较	个体工商户	个人独资企业	合伙企业	有限责任公司
法律依据	《个体工商户条例》	《个人独资企业法》	《合伙企业法》	《公司法》
企业性质	非法人、非企业	非法人企业	非法人企业	法人企业
投资人数	1 个自然人或家庭	1 个自然人	2 人以上	2~50 人
注册资本	无注册资本限制	无注册资本限制	无注册资本限制，协议约定	最低 3 万，因经营内容不同而有不同下限
出资形式	无限制	无限制	普通合伙企业无限制，有限合伙企业中有限合作人不可以以劳务出资	货币、实物、知识产权和土地使用权等均可出资，但是劳务、商誉等不可作为出资
投资主体	自然人或家庭	自然人	国有公司、国有企业、上市公司、公益性事业单位、社会团体不得为合伙人	2~50 个自然人或法人
经营主体	个人或家庭	投资者	合伙人共同经营	股东不一定参与经营
成立条件	有相应的经营资金和经营场所即可	自然人；有合法企业名称；出资额；有固定的生产经营条件；有必要的从业人员	有两个以上合伙人，依法承担无限连带责任；有书面合伙协议；有合伙人实际缴付出资；有企业名称；有经营场地和必要的生产经营条件	股东符合法定人数；出资额达到法定最低额；制定公司章程；有公司名称与符合有限责任公司的组织结构；有固定的生产经营场所和条件

（续）

法律形态特征比较	个体工商户	个人独资企业	合伙企业	有限责任公司
税收	定额，不缴纳企业所得税	定额，不缴纳企业所得税	缴纳个人所得税，不缴纳企业所得税	双税制，缴纳企业所得税和个人所得税
利润分配	归个人或家庭	对个人	合伙人按照合伙协议分配	股东按出资比例分配

从实践来看，公司这一企业形态非常适应市场经济发展的要求，在各种企业形态中居主流地位。这是因为公司有其独特之处，比如集中管理，所有人的有限责任，股权的自由转让等。具体可以表现为：一是集中管理很有必要。在公司制下，股东只能通过选择专门的管理者来对企业进行管理，避免几十个人在开会，你一言我一语，非常不容易做出一致决策的情况发生。二是有限责任体现了公司最重要的特征，即股东作为投资者只在其投资限度内对公司承担出资责任，公司以其全部资产对公司债权人承担责任。三是股权的自由转让。因为入股之后，股东就不能抽回资本了，这是公司资本维持原则的体现。名义上中小股东也是公司的所有权人，但往往无法实际控制公司，如果对公司不满意，也没有办法亲力亲为，在这种情况下，股东可以通过转让股权而退出公司。退出之后，虽然股东变化了，但公司资本却并没有因为股东的退出而减少。

知识点 2：如何给企业取一个好名字?

一个优秀的企业名字在商业上具有重要价值。创业者在给公司取名字时，应仔细研究消费心理以及市场的发展变化，为公司选取一个令人印象深刻、具有时代感与冲击力的名字。

在我国，企业的命名，主要由行政区名称、字号（商号）、所属行业名及经营范围名称、组织形式称谓四段构成。其中，商号是最易被人记住的部分，因此需要创业者好好考虑。我们熟悉的“淘宝”“阿里巴巴”，其实就是商号。

为企业取名字，要把握好下面几点。

1. 名称要简短明快

一般来说，名称字数的多少对认知程度是有一定影响的。字数越少认识程度越高，即名字越短越具有传播力。

2. 名称要有影响力

公司名称应具有冲击力、有气魄，给人以震撼。

3. 名称应具备独特性

一个具有个性的公司名称可避免与其他公司名称雷同，以防混淆大众记忆，并可加深大众对公司的印象。

4. 与经营理念相匹配

公司名称应符合公司理念和服务宗旨，这样有助于公司形象的塑造。

5. 响亮易上口

公司名称要响亮，易于上口。如果名称比较拗口，节奏感不强，则不利发音效果，也不利于传播。

6. 要有时代感

富有时代感的名称具有鲜明性，符合时代潮流，并能迅速为大众所接受。

7. 富于吉祥色彩

公司名称还要富于吉祥色彩，具有吉利的寓意，或者寄托企业发展的美好祝愿等。

8. 通用性

不少公司都是希望将来能够实现国际化的，因此在给公司起名时也要考虑到世界各地的通用性，如果该词在其他国家有歧义就不好了。

知识点 3：企业如何选址？

地点是企业的“名片”，一个好的选址既可以帮助客户高效地找到企业，也有利于企业经营活动的开展。一些公司迁址的直接原因就是希望进一步提升企业形象，通过办公地点来进一步展示企业实力，好的地点可以帮助公司及项目迅速扩大知名度。

对初创者来说，企业在选址时一定要结合自身的实际情况，不要盲目追求高大上的地点。根据用途的不同，经营场所分为两种：一是纯粹的办公地点，通常位于写字楼里；二是售货、服务地点，如临街店铺、商厦里的摊位或餐馆、旅馆，等等。

企业在选址时要考虑以下影响因素。

1. 交通运输成本

对于大多数制造业工厂和从事物流的企业来说，运输成本在总成本中占有较大的比重。运输距离、运输环节、运输手段会对运输成本产生影响。因此，尽量靠近码头、公路、铁路等交通设施，可以使运输成本降低。

2. 原材料供应

某些行业对原料的质和量均有严格的要求，这些行业的企业一般分布在原料产地附近，以降低运费，减少时间阻延，降低采购成本。例如对于能源工业企业，需要大量的原料进行加工冶炼，如果远离资源产地，不仅要耗费大量的时间和运输成本，还会耽误生产。因此，选择在距离原材料产地附近的地方建厂，可以降低成本，提高企业在市场竞争中的优势。

3. 产业集聚

产业集聚最大的好处是获得规模效益，降低企业成本，提高企业创新能力。对于同类企业来说，集聚发展可以促进企业间的技术交流与传播，使一家企业的创新迅速外溢到其他企业。例如安徽芜湖从 2013 年倒 2023 年，推进机器人“筚路蓝缕从无到有”到“星火燎原从有到优”，建成全国首个国家级机器人产业发展集聚区，形成工业机器人、服务机器人、核心零部件、系统集成、人工智能及特种装备的机器人全产业链条，机器人核心企业超过 200 家，规模以上工业企业 100 多家，规模以上工业产值突破 300 亿元。

4. 劳动力成本

不同的产品和生产方法，所要求的劳动力数量和素质是有区别的。

5. 建筑成本和土地成本

不同的企业选址方案，在土地的征用、平整等方面的花费是不同的。同样，不同方案的建筑成本往往也不相同，高建筑成本导致未来产品成本中固定成本部分加大，会降低企业竞争力。

6. 生活设施

为了稳定职工队伍，企业选址应该选择职工生活比较方便的地区。企业周围应该有生活配套设施，如学校、医院、商业场所、公安、消防、公交地铁等，如果这些设施比较齐全，可以减少企业自身的投资。

写字楼是企业的有形承载地，对企业发展起着至关重要的作用。创业者在选择时要考虑地段、形象、软件设施、物业管理等因素。店面选址要坚持“方便顾客”的原则，以节省顾客的购买时间，并最大限度满足顾客的需要，要考虑商业圈、商业区、商业点等因素，要分析目标顾客的分布和流动特点，同时还要具备长远的眼光，兼顾到长远利益。

知识点 4：如何办理营业执照？

营业执照是企业或组织合法经营权的凭证。每一个公司在开业之前，都必须依照一定的程序办理营业执照。营业执照的登记事项包括：名称、地址、负责人、资金数额、经济成分、经营范围、经营方式、从业人数、经营期限等，步骤一般如下。

1. 预先核准企业名称

填写《名称（变更）预先核准申请书》《投资人授权委托意见》，同时准备相关材料；递交《名称（变更）预先核准申请书》、备用名称若干及相关材料，等待名称核准结果；领取《企业名称预先核准通知书》。

2. 确定公司注册地址

提供新办企业经营活动场所地址。如需租赁房屋要签订租房合同，并且一般要求使用工商行政管理局的统一制式租赁协议，并由房屋所有者提供房产证的复印件及房屋所有者的身份证复印件。

3. 前置和后置审批

经营范围中若有需要特种许可的经营项目，不同行业及相应管理部门规定不同，有的要前置审批（餐饮行业等 12 大类），有的要后置审批（根据工商行政管理局告知，共计 41 大类 190 个审批项目）。

4. 验资

各股东带上公司章程、核名通知、法人私章、身份证、银行询征函，到银行开立验资户。各股东按自己的出资额向公司账户中缴存投资款。拿着银行出具的股东缴款单，银行盖章后的询征函，以及公司章程、核名通知、房租合同、房产证复印件，委托会计师事务所审验资金，并出具验资报告。

5. 申领营业执照（三证合一，一照一码）

工商行政管理局对企业提交的材料进行审查，确定是否符合企业登记申请。经工商行政管理局核定提供资料完整的五个工作日后，可领取一个加载统一社会信用代码（以下简称统一代码）的营业执照。

6. 备案刻章

凭营业执照，到公安局指定的刻章社刻公章、财务章等。

7. 税务报到

公司成立后，一般要求十个工作日内去所属税务机关报到，超时未报到的企业会影响法人及股东的征信。税务报到后每月都需记账报税，没有收入支出也要报税，不能忘记申报。

8. 开设企业基本账户

基本账户是指存款人为办理日常转账结算和现金收付而开立的银行结算账户。企业经营活动的日常资金收付以及工资、奖金和现金的支取均可通过该账户办理，存款人只能在银行开立一个基本存款账户。

9. 进行社会保险登记

社会保险登记是社会保险费征缴的前提和基础，也是整个社会保险制度得以建立的基础。县级以上劳动保障行政部门的社会保险经办机构主管社会保险登记。缴费单位申请办理社会保险登记时，应填报《社会保险登记表》，并出示相应的证件和材料。

10. 进行商标注册

商标注册，是指商标使用人将其使用的商标依照法律规定的条件和程序，向国家商标主管机关（国家工商行政管理总局商标局）提出注册申请，经国家商标主管机关依法审查，准予注册登记的法律事实。商标通常由文字、图形、英文、数字的组合构成。商标注册的一般程序是：商标查询（2 天内）→申请文件准备（3 天内）→提交申请（2 天内）→缴纳商标注册费用→商标形式审查（1 个月）→下发商标受理通知书→商标实质审查（12 个月）→商标公告（3 个月）→颁发商标证书。

复盘评价

项目名称	创办你的企业	姓名		日期	
班级		团队成员			

用思维导图对任务步骤进行总结，每个步骤均需体现出自己实践的内容。

评价指标	评价要素	分值	自我评价 30%	组内互评 30%	教师评价 40%
任务执行	是否认真思考，是否在规定时间内完成全部任务	15			
思维训练	是否能运用学习过的思考方法发现问题、分析问题、解决问题；是否能做出有利于个人创业素质与能力提升的决策	15			
技能提升	是否掌握了不同法律形态的区别；是否学会了为企业选址；是否熟悉了注册营业执照的步骤	40			
沟通表达	是否表达清晰，表述恰当	15			
反思改进	在任务实施过程中是否认识到自己的优势和不足，是否有改善不足的措施和办法	15			
合计		100			

项目九
管理你的企业

能力与素质目标

- 理解市场营销的含义
- 掌握 STP 目标市场营销战略和营销组合策略
- 理解财务三大报表的内容
- 掌握人力资源管理的职能
- 提升管理能力和管理者素质

任务1 制定营销策略

任务发布

2018年，我国茶饮市场迎来井喷式发展，我国新式茶饮门店数量在一年内增长了74%，新增长主要来自消费者对常规饮料和传统茶饮的替代以及消费群体对“健康茶饮”的需求。面对日益增长的市场需求，众多品牌纷纷涌入茶饮行业，释放市场潜力。

在这样的竞争环境下，蜜雪冰城以破竹之势发展起来，在无数茶饮店中崭露头角。蜜雪冰城由张红超兄弟所创，从1996年的一间小橱窗，发展到2023年全球累计超过两万家门店，成为中国现制茶饮行业第一个拥有万店规模的品牌，成为茶饮界现象级的存在，它的成功不是偶然。通过完成本任务，同学们可以了解蜜雪冰城的目标市场战略和营销策略。

任务实施

请结合茶饮市场环境，通过搜索资料，分析蜜雪冰城的目标市场战略和营销策略，填写表9–1，并在小组中交流你的分析结果。

表 9-1　蜜雪冰城的目标市场战略和营销策略

目标市场营销战略	具体分析
产品策略	
价格策略	
分销策略	
促销策略	

任务2 分析财务报表

任务发布

张山和李玉两人合伙成立了建宏商贸公司，主要经营与建筑业相关的钢筋、水泥、砂、碎石、块石、毛石等产品的销售。公司于 2019 年底注册成立，2020 年 1 月 1 日正式运营。公司注册资金 300 万元，其中张山和李玉共同投资 200 万元，从银行贷款 100 万元，借款期限为 5 年，年利率为 5%，贷款利息按年支付，5 年后一次性付清贷款本金和最后一年利息。建宏商贸公司在 2020 年的财务及经营状况如图 9-1 所示。为了更加简洁明了，这里我们仅抽取建宏商贸公司典型经营事例，而省略了很多的经营细节，如是否租用办公室、是否购买办公设备等。

2020 年初，建宏商贸公司按照施工方要求，一次性低价购进了 250 万元的钢筋、水泥、砂、碎石等建筑材料，并于 2020 年底完成销售收入 375 万元，扣除期间发生的 250 万元采购成本及 20 万元销售费用和其他费用，又支付了银行当年的贷款利息 5 万元，建宏商贸公司截至 2020 年底共实现了 100 万元的净利润（建宏商贸公司成立当年享受免税待遇）。为了扩大公司经营规模，建宏商贸公司仅拿出 25 万元用于投资分红，其余 75 万元全部用于再投资。

财务报表是了解公司财务状况和经营业绩的重要途径。请分析建宏商贸公司的财务报表。

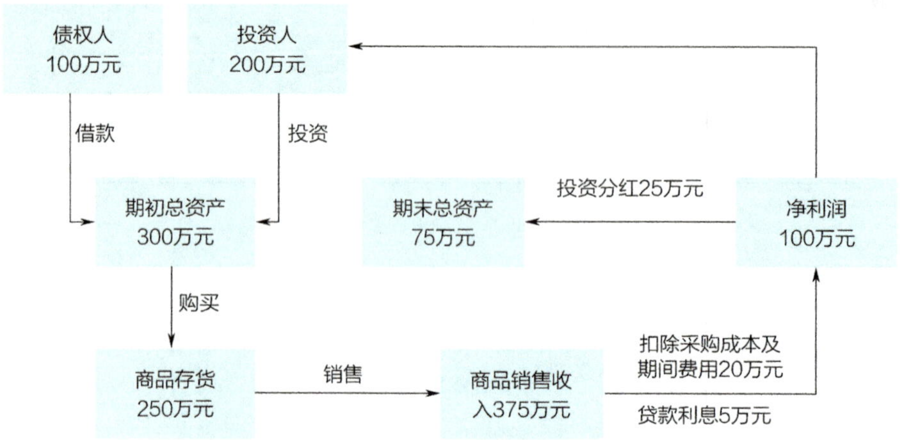

图 9-1 建宏商贸公司 2020 年财务及经营状况

任务实施

请以小组为单位，结合建宏商贸公司的经营过程，填写表 9–2、表 9–3 和表 9–4。

表 9–2　建宏商贸公司资产负债表

资产负债表	
总资产 / 万元	
总负债 / 万元	
所有者权益 / 万元	

表 9–3　建宏商贸公司利润表

利润表	
销售收入 / 万元	
销售成本 / 万元	
销售及管理费用 / 万元	
税前利润 / 万元	
应缴所得税 / 万元	
净利润 / 万元	

表 9–4　建宏商贸公司现金流量表

现金流量表	
经营活动现金流入 / 万元	
经营活动现金流出 / 万元	
经营活动现金流量净额 / 万元	
投资活动现金流量净额 / 万元	
筹资活动现金流量净额 / 万元	
现金流量净增加额 / 万元	

任务3 管理人力资源

任务发布

A 公司是一家民营高科技企业，由几位志同道合的伙伴合作创办。在公司成立之初，资金并不宽裕，几位合伙人主动提出不领取工资直至公司盈利为止。在他们不计报酬、努力工作的精神感召下，公司的员工们也时常义务加班，公司内部关系融洽、士气高涨。经过公司上下的共同努力，两年后该公司发展为一家集开发、生产、经销于一体的中型高科技企业，在省内 IT 业界有了一定的知名度。

随着公司的高速发展，企业经济效益连年大幅增长，员工待遇也不断改善，加之公司所处行业属于朝阳产业，员工普遍感觉在这样的公司有希望，同时吸引了大批具有专业技术知识的年轻人加入公司。

然而，五年后公司进入稳定期，随着经济效益增幅的减小，公司内部出现了安于现状、不思进取的氛围，人心涣散的迹象严重，尤其是中层管理者的流失问题急需解决。中层管理者流动频繁，使公司的管理出现脱节现象，其他员工的士气大受影响，企业生产率明显下降，公司从此陷入恶性循环。

最近，员工中开始流传一种说法：凡是从本公司跳槽的人都能在现职岗位上做得不错，待遇比在本公司时好，工作强度也比本公司小，其他公司对处于同一层次的员工评估还不单纯以业绩为标准。另外，人员流动多倾向于国内的知名企业。针对企业面临的人力资源问题，公司总经理感到非常棘手。

面对企业发展的不同阶段，如果你是该公司的人力资源部经理，会如何看待该问题并提出建议呢？

任务实施

第一步：头脑风暴，将思考的对策建议记录下来。

1. ______

2. ______

3. ______

4. ______

5. ______

6. ______

第二步：观点分享，选取 3~5 名学生分享解决问题的举措。

1. ______

2. ______

3. ______

4. ______

5. ______

6. ______

第三步：教师点评，教师总结处于不同发展阶段企业人力资源管理工作的侧重点。

1. ______

2. ______

3. ______

4. ______

5. ______

6. ______

案例分析

“高钙牛奶”折桂香港

20世纪90年代中期，香港牛奶公司（以下简称“牛奶公司”）先后分别以“新鲜牛奶”“脱脂牛奶”的定位将产品推向市场，但销售业绩平平。这种定位与当时市场众多的牛奶品牌定位十分趋同，很难吸引消费者的关注。一份消费者调查资料显示，相当多的人开始意识到钙元素在预防骨质疏松症中的重要作用。这给牛奶公司的策划人提供了灵感：何不在牛奶中加入钙质，推出“高钙牛奶”，这对当时的消费者来说是一个全新的产品概念。另外，一些消费者担心喝含脂牛奶会摄入过多脂肪，而低脂牛奶通常又不够鲜美，因此，“高钙牛奶”还必须具有脱脂且味美的特点，才可能赢得市场机会。

牛奶公司的调研表明，在香港，有骨质疏松隐患的人以25~40岁女性居多。基于“高钙牛奶”能预防骨质疏松症的功效及脱脂、味美的特点，牛奶公司决定在这一年龄阶段的女性中寻找目标市场。“高钙牛奶”作为当时的一种全新产品，目标群体是创新型消费者，而通常受过教育又具有较高收入的人才可能成为创新型消费者。综合以上考虑，最后牛奶公司把目标消费者定为年龄在25~40岁的、受过教育的、有较高收入的女性。“高钙牛奶”很快被生产出来并集中铺在许多主要街区的超市连锁店——目标顾客经常光顾的地方。在定价方面，考虑到消费者可能不愿为一个新产品付出高价而否定了撇脂定价；又害怕采取渗透定价使产品形象受到损害，所以最终采取了折中定价方式，将价格定在主要竞争者的平均价格水平上。牛奶公司的“高钙牛奶”电视广告非常成功，广告中，中青年妇女骨质疏松的隐患用一种高雅的方式表现出来，而产品的利益承诺也是用一种直接的、非常可信的方式传递给广告受众。虽然广告费投入不大，但效果很好：品牌认知率和广告认知率分别高达87%和76%。除电视广告外，牛奶公司还在香港各大报纸和杂志上刊登了广告，更详尽、全方位地展开介绍了“高钙牛奶”的功效——强身健体。牛奶公司向全港1800多名医生与营养专家发送了宣传资料（有关骨质疏松症和产品介绍宣传单），希望通过医学专家将宣传单广发给目标消费者。为此，牛奶公司还赞助了多项有关骨质疏松症的学术研讨活动，博得医学界人士的好感。

“高钙牛奶”取得了巨大成功，其销量比预期目标高出一倍，使牛奶公司的市场份额由54%升至70%。

【思考】

1. 高钙牛奶运用了哪些促销方法？
2. 高钙牛奶的目标市场是什么？采取了什么目标市场策略？
3. 高钙牛奶的市场定位策略是什么？

4. 高钙牛奶采取了哪种新产品定价策略？为什么？

【案例分析】

1. 广告：包括电视广告和印刷的传单广告。公共关系：赞助活动。

2. 年龄在 25~40 岁，受过较高教育的，收入水平高的女性。该公司采取了集中性目标市场选择策略。

3. 该公司采取了市场补缺者定位方式，占领了空白市场，开发全新产品。

4. 该公司采取了折中定价方式。

知识点拨

知识点 1：市场营销

现代管理学之父彼得·德鲁克说过：“任何企业其实只有两项职能：一是营销，二是创新。”这说明企业想要谋求长期的成长，都离不开市场营销活动，企业的市场营销能力是企业成长的核心要素。

1. 市场

市场是商品经济的产物，是联系生产和消费的纽带。传统意义上，人们习惯把市场看作买卖的场所，如集市、商场、批发市场等。从经济学角度，经济学家认为市场是一个商品经济范畴，是供求关系，是商品交换关系的总和。从营销学角度，现代营销学之父菲利普·科特勒认为“市场是由那些具有特定需要或欲望而愿意并能够通过交换来满足这种需要或欲望的潜在顾客所构成的。”可见，人们可以从不同的角度界定市场，我们认为：市场是商品经济中的生产者与消费者之间为实现产品或服务的价值，所进行的交换关系、交换条件和交换过程的统称。

市场是由各种基本要素组成的有机整体，构成市场的主要因素是人口、购买力和购买欲望。用公示表示为：市场 = 人口 + 购买力 + 购买欲望。

其中，人口因素是构成市场的最基本要素，人口的多少决定着市场需求量的大小，影响着市场需求的内容和结构。购买力是指人们支付货币购买商品或劳务的能力。它受到人们收入水平和消费结构等因素的影响，市场的大小会受到购买力高低的影响。购买欲望是指消费主体购买商品的动机、愿望或要求，它支配着消费者的购买行为，是购买力得以实现的必不可少的条件，也是决定市场容量的最权威的因素。市场的三个因素相互制约，缺一不可，只有将这三者结合起来才能构成现实的市场，并决定市场的环境和容量。

2. 市场营销

市场营销简称营销，英文即 Marketing。美国菲利普·科特勒教授认为市场营销是企业充分认识目前市场中未得到满足的需求，预测需求量，依据企业的特长确定目标市场，并根据目标市场的特征确定产品、劳务计划和方案的过程。美国营销学大师杰罗姆·麦卡锡将市场营销定义为以满足社会或人类需要，实现社会目标为目的的社会经济活动的过程。我们认为，市场营销就是企业或组织根据目标顾客的需求，开发产品与服务，并通过一系列的活动，使目标顾客来购买本企业或组织的产品和服务，从而在满足顾客需求的基础上实现企业的经济目标的活动。

知识点 2：市场营销管理

市场营销管理是指企业选择目标市场，通过创造、传播和交付优质的顾客价值，建立和发展与目标市场之间的互利交换关系而进行的分析、计划、执行与控制过程。它的基本任务是通过营销调研、计划、执行与控制来管理目标市场的需求水平、时机和构成，以达到企业目标。市场营销管理的本质是需求管理，由于顾客是需求的载体，市场营销管理实际上也是顾客关系管理。建立和维系与顾客的互惠关系，是市场营销管理的基本目标。市场营销管理过程包括：发现和评价市场机会；细分市场和选择目标市场；发展市场营销组合和决定市场营销预算；执行和控制市场营销计划。

知识点 3：目标市场营销战略

在现代市场营销理论中，市场细分（Market Segmenting）、目标市场（Market Targeting）、市场定位（Market Positioning）是构成公司营销战略的核心三要素，被称为 STP 营销。

1. 市场细分

市场细分，是指企业按照消费者的需求特性，把整个市场分割为不同的子市场，以用来确定目标市场的过程。市场细分首先要调查分析不同的消费者在需求、资源、地理位置、购买习惯和行为等方面的差别，然后将上述要求基本相同的消费者群分别归并为一类，形成整体市场中的若干“子市场”或“分市场”。例如，服装市场可按顾客的性别、年龄、收入等因素细分为儿童服装、女士服装、男士服装、中老年服装，以及高档、中档、普通服装等若干个子市场。

2. 目标市场

目标市场是企业打算进入的细分市场，或打算满足的具有某一需求的顾客群体。

目标市场战略主要包括无差异性营销战略、差异性营销战略、集中性营销战略。

（1）无差异性营销战略　企业把整体市场看作一个大的目标市场，不进行细分，用一种产品、统一的市场营销组合对待整体市场。

（2）差异性营销战略　企业在市场细分的基础上，根据自身的资源及实力选择若干个细分市场作为目标市场，并为此制订不同的营销计划。

（3）集中性营销战略　企业在市场细分的基础上，选择一个或几个相似的细分市场作为目标市场，集中企业资源开展营销活动。

3. 市场定位

企业在确定目标市场后，还要在目标市场上给本企业产品做出具体的市场定位决策，让企业的产品在目标消费者的心中确立一种独特的观念和形象。市场细分和目标市场选择是寻找“靶子”，而市场定位就是将“箭”射向靶子。所谓市场定位是指根据竞争者现有产品在细分市场上所处的地位和顾客对产品某些属性的重视程度，塑造出本企业产品与众不同的鲜明个性或形象并传递给目标顾客，使该产品在细分市场上占有强有力的竞争位置。

市场定位策略主要包括直接对抗定位、避强定位、重新定位。

（1）直接对抗定位策略　企业根据自身的实力，为占据较佳的市场位置，不惜与市场上占支配地位的、实力最强或较强的竞争者发生正面竞争，从而使自己的产品进入与对手相同的市场位置。通过与最强大竞争对手的直接较量提高自己的竞争力，赢得消费者认同。

（2）避强定位策略　企业力图避免与实力最强或较强的其他企业直接发生竞争，将自己的产品定位于另一市场区域内，使自己的产品在某些特征或属性方面与最强或较强的对手有显著的差别。避强定位策略可称为“空档定位”，即寻找为许多消费者所重视，但尚未被开发的市场空间。

（3）重新定位策略　重新定位又称二次定位或再定位，是指企业变动产品特色以改变目标顾客群对其原有的印象，使目标顾客群对其产品新形象有一个重新的认识过程。企业实施某种定位方案一段时间之后，有可能会发现效果并不理想，或者没有足够的资源实施这一方案，此时，应对该产品进行重新定位。

知识点 4：营销组合策略

1960 年杰罗姆·麦卡锡提出了著名的 4P 组合：营销管理的任务是通过对四类主要营销因素，产品（Product）、价格（Price）、分销（Place）及促销（Promotion）的处理，开发解决竞争性营销问题的独特方案。4P 营销组合作为经典的营销理论，认为企业营销活动的实质是一个利用内部可控因素适应外部环境的过程，即通过产品、价格、分销和促销的计划和实施，对外部不可控因素（如政治法律、人口经济环境、技术自然环境、社会文化环境等）做出积极动态的反应，从而促成交易的实现和满足企业的目标需求，其核心在于制定和实施有效的市场营销组合。4P 营销组合模型如图 9-2 所示。

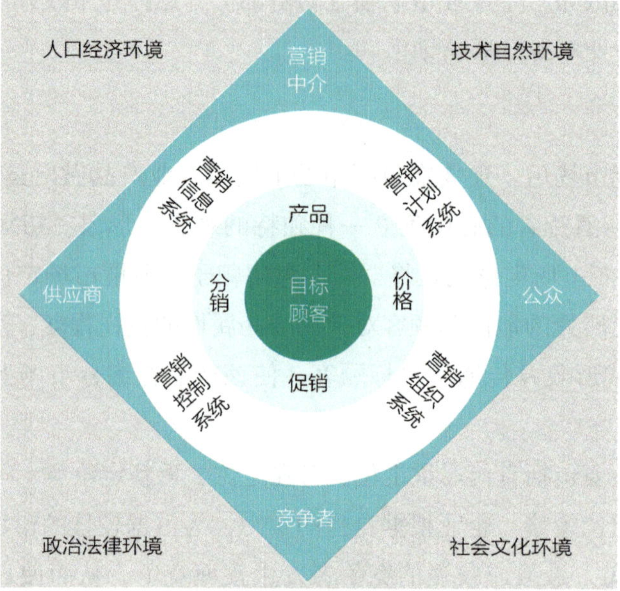

图 9-2　4P 营销组合模型

1. 产品策略

（1）产品整体概念　产品是市场营销组合中最重要、最基本的因素。它是指通过交换提供给市场的、能满足消费者某一需要和欲望的任何有形物品和无形的服务。

产品的整体概念包括核心产品、形式产品、期望产品、延伸产品和潜在产品五个层次，如图 9-3 所示。核心产品又称实质产品，是指产品能为消费者带来的基本利益和效用。例如，人们购买羽绒被是为了保暖；购买自行车是为了代步。形式产品是核心产品借以实现的形式和载体，是产品外在的实体形象，包括品质、式样、特色、商标和包装等。期望产品是指购买者在购买该产品时期望得到的与产品密切相关的一整套属性和条件。例如，消费者在购买洗衣机时，期望洗衣机的噪声小、进排水方便、外观美观、安全可靠等。延伸产品指消费者购买产品时所获得的附加服务和利益，包括产品介绍、提供信贷、送货、安装、调试、保养、保证、售后服务等。潜在产品是指现有产品包括所有延伸产品在内的、可能发展成为未来最终产品的潜在状态。

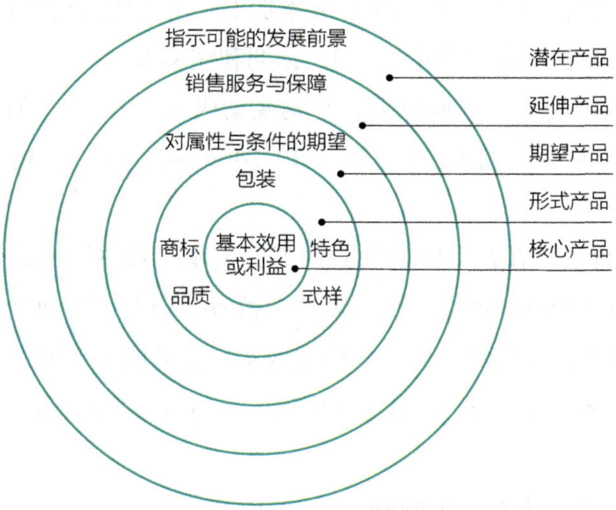

图 9–3　产品整体概念

（2）产品组合策略　产品组合是指企业提供给市场的全部产品线和产品项目的组合或结构，即企业的业务经营范围。产品线是指产品组合中的某一产品大类，是一组密切相关的产品。产品项目是指产品大类中各种不同品种、档次、质量和价格的特定产品。例如，某自选购物中心经营食品、家电、文具、百货等，这就是产品组合。其中的“食品”或“文具”等大类就是产品线；每一大类中包括的具体品种、品牌就是产品项目。

产品组合策略是指企业根据自身资源条件、市场状况和竞争态势，对产品组合的广度、深度进行不同的结合，以使其更有利于销售，增加利润。产品组合策略主要包括以下三种。

1）产品线延伸策略。将企业现有产品线加长，突破原有经营档次的范围。

2）扩大产品组合策略。企业扩大产品组合的深度和广度，增加产品系列或项目，扩大经营范围，生产经营更多的产品，以满足市场需要。

3）缩减产品组合策略。与扩大产品组合策略相反，企业为了减少不必要的投资，降低成本，增加利润，必须集中力量发展获利较多的产品线和产品项目。

2. 价格策略

价格是营销组合诸因素中唯一能产生收入的因素，因而价格策略是企业管理中最重要的决策之一。

（1）定价方法　产品的价格主要受市场需求、产品成本、竞争状况和政策法规等因素影响，在具体制定产品价格时，常见的基本定价方法有成本加成定价法、盈亏平衡定价法等。

1）成本加成定价法。它是按产品单位成本加上一定比例的利润制定产品价格的方法。计算公式为：价格 = 单位产品总成本 ×（1+ 预期利润率）。

比如：某产品固定成本 =700000 元，平均变动成本 =15 元，预计销售量 =70000 件，预期利润率 =20%，则单位成本 =15+700000/70000=25 元，价格 =25 ×（1+20%）= 30 元 / 件。

2）盈亏平衡定价法。在销量既定的条件下，企业产品的价格必须达到一定的水平才能做到盈亏平衡、收支相抵。既定的销量就称为盈亏平衡点，这种制定价格的方法就称为盈亏平衡定价法。科学地预测销量和已知固定成本、变动成本是盈亏平衡定价的前提。计算公式为：盈亏平衡点价格（P）= 固定总成本（FC）÷ 销量（Q）+ 单位产品变动成本（VC）。

比如：某企业年固定成本为 100000 元，单位产品变动成本为 30 元，年产量为 2000 件，则该企业盈亏平衡点价格为：（100000 ÷ 2000 + 30）元 =80 元。

（2）定价策略

1）新产品定价策略。新产品定价是新产品开发的一个重要环节，关系到新产品能否顺利地进入市场，能否站稳脚跟，能否获得较大的经济效益。

①撇脂定价策略。这是一种高价格策略，就是在新产品上市初期价格定得很高，以便在较短的时间内就获得很多利润，如同从新鲜牛奶中撇取油脂一样。

②渗透定价策略。这是一种低价定价策略，就是在新产品上市初期价格定得相对较低，以低价进入市场以吸引大量顾客及迅速打开市场，短期内获得比较高的市场占有率。

2）折扣定价策略。为了鼓励顾客大量购买、及早付清货款、淡季购买，对基本价格做出一定的让步，以争取顾客，扩大销量。折扣定价策略具体又可分为现金折扣、数量折扣、功能折扣、季节折扣和价格折让。

3）心理定价策略。企业利用消费者不同的心理需求和对不同价格的感受，有意识地采取多种价格形式，以促进销售。主要有尾数定价、声望定价、招徕定价等形式。心理学研究表明，价格尾数的微小差别，能够明显影响消费者的购买行为。一般认为，5 元以下的商品，尾数为 9 最受欢迎；5 元以上的商品尾数为 95 效果最佳；100 元以上的商品，尾数为 98、99 最为畅销。

4）差别定价策略。企业常常考虑到顾客、产品和位置的不同而调整商品的价格。在采用差别定价策略时，往往用两种或多种价格销售一种产品或服务。例如，戏院中的不同区域的座位，其价格都是不相同的，因为在不同的位置，观众的欣赏效果是不一样的，观众愿意为了好的位置多付些钱。

3. 分销策略

（1）分销渠道的含义　分销渠道是指某种货物和劳务从生产者向消费者移动时取得这种货物和劳务的所有权或帮助转移其所有权的所有企业和个人。它主要包括商人中间商，代理中间商，以及处于渠道起点和终点的生产者与消费者。

（2）影响分销渠道选择的因素　分销渠道决策的中心问题，是如何确定到达目标市场的最佳途径。选择渠道要考虑的主要因素有顾客特性、产品特性、中间商特性、竞争特性、企业特性和环境特性。

4. 促销策略

促销即促进销售，指企业通过人员和非人员的方式，沟通企业与消费者之间的信息，提升品牌形象，引发、刺激购买欲望，使其产生购买行为的活动。促销组合的主要方式包括人员推销、广告、营业推广以及公共关系。

（1）人员推销　运用推销人员直接向推销对象推销商品或服务的一种促销活动。人员推销有上门推销、柜台推销、会议推销三种基本形式。上门推销是由推销人员携带样品、说明书和订货单等走访顾客，推销商品的推销形式。柜台推销即由商店营业员接待顾客，销售商品。会议推销是指企业利用各种会议（如订货会、交易会、展览会、物资交流会等）向与会人员宣传和介绍产品，集中推销商品的推销形式。

（2）广告　广告主以促进销售为目的，付出一定的费用，通过特定媒体传播商品或劳务等有关经济信息的大众传播活动。

（3）营业推广　营业推广又称销售促进，指企业用各种短期诱因鼓励消费者和中间商购买、经销（或代理）企业产品或服务的促销活动。营业推广的方式主要有赠送样品或礼品、赠送优惠券或代价券、有奖销售、现场示范、批发回扣、销售竞赛等。

（4）公共关系　公共关系是指某一企业利用各种传播手段，沟通内外部关系，塑造良好的企业形象，促进公众对企业的认识、理解和支持。公共关系作为促销策略组合中的重要工具之一，目标是追求长远利益，即通过公关活动赢得经销商和广大顾客的信任，获得各级政府、业务伙伴、媒体的支持，影响潜在的购买者，以长久地占有市场。

知识点 5：财务报表

财务报表是企业管理的晴雨表，一套完整的财务报表，一般包括“四表一注”，指的是资产负债表、利润表、现金流量表、所有者权益变动表和附注，其中，前三个就是我们常说也常用的财务“三张表”。资产负债表反映的是企业规模情况，形象来说就是企业的“体格”和“家底”。利润表体现的是盈利能力强弱，形象来说就是在企业同场竞技时的

“奔跑速度”。现金流是企业的“血液”，现金流量表就是企业的“血液系统”。读懂这“三张表”，可以更好地了解企业经营情况，为管理者经营决策提供支撑。

1. 资产负债表

资产负债表是反映企业在某一特定日期财务状况的会计报表。资产负债表由资产、负债、所有者权益三部分组成。

核心公式：资产 = 负债 + 所有者权益。

其中，资产主要包括货币资金、交易性金融资产、应收及预付款项、存货、持有至到期投资、长期股权投资、投资性房地产、固定资产、无形资产等。负债主要包括短期借款、应付及预收款项、应交税金、应付职工薪酬、预计负债、长期借款、长期应付款、应付债券、递延所得税负债等。所有者权益主要包括实收资本（或股本）、资本公积、盈余公积、未分配利润。资产负债表构成要素如图 9-4 所示。

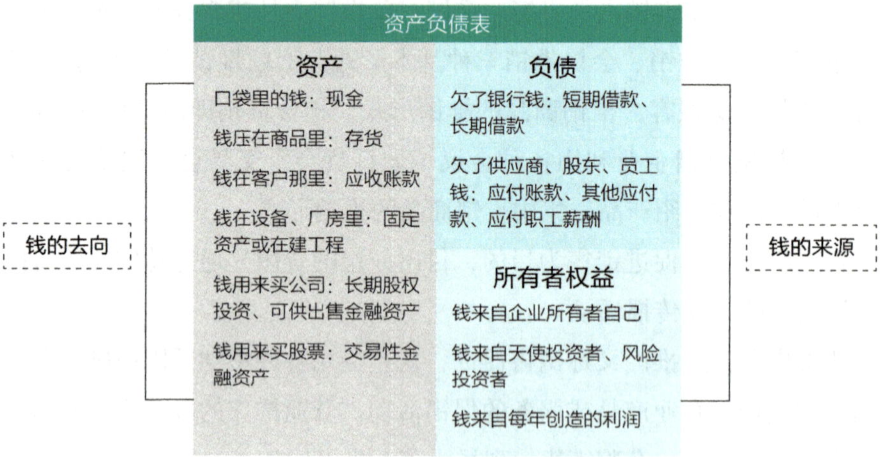

图 9-4　资产负债表构成要素

2. 利润表

利润表又称损益表或收益表，是反映企业在某一会计期间的经营成果的财务报表。它反映的经营成果是企业一定期间的收入与费用配比而形成的净收益（或净亏损）。

核心公式：利润 = 收入 - 成本费用。

其中，收入包括营业收入、投资收益、营业外收入等；成本费用包括营业成本、期间费用、税金及附加等。

3. 现金流量表

现金流量表是以现金为基础编制的，用以反映企业在一定会计期间现金和现金等价物

（以下简称现金）流入和流出情况的会计报表。其主要目的是反映企业会计期间内经营活动、投资活动和筹资活动等对现金及现金等价物所产生的影响。

核心公式：现金流 = 现金流入 – 现金流出。

分析现金流量表，首先要理解现金的概念。现金流量表中的现金是个广义的概念，它不仅包括库存现金，还包括可以随时用于支付的存款以及现金等价物。现金具体包括以下四个方面的内容。

（1）库存现金　库存现金是指企业持有的可随时用于支付的现金，即与会计核算中“现金”账户所包含的内容一致。

（2）银行存款　银行存款是指企业存在银行或者其他金融机构、随时可以用于支付的存款，即与会计核算中“银行存款”账户所包括的内容基本一致，区别在于：如果存在银行或其他金融结构的款项中不能随时用于支付的存款，例如不能随时支取的定期存款，不应作为现金流量表中的现金，但提前通知银行或者其他金融机构便可支取的定期存款，则包括在现金流量表中的现金概念中。

（3）其他货币资金　其他货币资金是指企业存在银行有特定用途的资金，如外埠存款、银行汇票存款、银行本票存款、信用卡存款、信用卡保证金、存出投资款等。

（4）现金等价物　现金等价物是指企业持有的期限短、流动性强、易于转换为已知金额的现金和价值变动风险很小的投资。例如，某企业于 2022 年 11 月购入 2020 年 1 月 1 日发行的期限为三年的国债，购买时还有 2 个月到期，则这项交易性金融资产应视为现金等价物。权益性投资变现的金额通常不确定，因而不属于现金等价物。企业应根据具体情况确定现金等价物的范围，一经确定不得随意变更。

知识点 6：人力资源管理

党的二十大报告指出，教育、科技、人才是全面建设社会主义现代化国家的基础性、战略性支撑。必须坚持科技是第一生产力、人才是第一资源、创新是第一动力，深入实施科教兴国战略、人才强国战略、创新驱动发展战略，开辟发展新领域新赛道，不断塑造发展新动能新优势。人才是实现民族振兴、赢得国际竞争主动的战略资源，是衡量一个国家综合国力的重要指标，综合国力竞争说到底是人才竞争。同样，对于初创企业而言，人力资源是第一重要的资源，它关系到企业的生存与发展。

1. 人力资源管理的含义

人力资源管理是指组织为了实现既定的目标，运用现代管理措施与手段，对人力资源的取得、开发、保持和运用等方面进行管理的一系列活动的总和。

2. 人力资源管理职能

（1）人力资源规划　人力资源规划是以组织发展战略为基础，为了实现组织的战略目标，根据组织内外环境和组织人力资源状况，进行组织人力资源供给和需求预测，以满足组织人力资源需求为目的，对未来一定时期内的人力资源发展做出的安排。

（2）员工招聘　招聘是指企业依据岗位需求，为了生存和发展的需要，依照一定的程序，运用先进的手段，通过科学的测评与选拔方法，向组织内外吸收、挑选、安置岗位所需人才的过程。

企业进行员工招聘的渠道一般有两种，即内部招聘和外部招聘。内部招聘是指在企业内部通过晋升、竞聘或人员调配等方式，由企业内部的人员来弥补空缺职位。企业内部招聘和人才选拔机制的确立，有利于员工的职业生涯发展，留住核心人才，形成人力资源内部的优化配置。外部招聘的渠道有通过广告招聘、人才中介机构（即人才市场招聘、猎头公司等）、员工推荐、网络招聘、就业服务机构、校园招聘等形式。选择外部招聘的方法主要取决于周围的雇用环境和情境，特别是要将亟待填补的职位类型、工作接替要求的速度、招聘的地理区域、实施招聘方法的成本以及可能吸引到的求职者组合的合理化程度这五种因素综合起来考虑。

（3）培训　培训是指企业通过各种方式使员工具备完成现在或者将来工作所需要的知识、技能并改变他们的工作态度，以改善员工在现有或将来职位上的工作业绩，最终实现企业整体绩效提升的一种计划性和连续性的活动。

（4）绩效管理　绩效管理是指为了实现组织的发展战略和目标，采用科学的方法，通过对员工个人和群体的行为表现、劳动态度和工作业绩，以及综合素质的全面监测、分析、考核，充分调动员工的积极性、主动性、创造性，不断改善员工和组织的行为，提高员工和组织的整体素质，挖掘其潜力，最终实现员工个体价值和组织战略目标的活动过程。

（5）薪酬设计　薪酬是组织对其员工为组织所做的工作或贡献，包括他们实现的绩效，付出的努力、时间、学识、技能、经验与创造所付给的相应的回报。其实质是一种公平的交易或交换关系，是员工在向所在单位让渡其劳动或劳务使用权后获得的报偿。薪酬的表现形式是多种多样的，主要包括工资、奖金、津贴、福利和股权等具体形式。

3. 初创企业人力资源工作

（1）做组织结构规划　企业应该根据未来 2~3 年的经营目标来设立组织结构，在设立过程中需要对组织文化、资源与业务流程进行结合，使组织结构既能满足组织短期发展需要，又能清晰部门间的责权关系，确保经营风险控制。

（2）做岗位与编制规划　有了清晰的组织结构，我们应该深度思考每个岗位的责权利关系，并输出高质量的岗位职责说明书，也就是我们常说的 JD（Job Description）。可以说高质量的 JD 是公司一切人力资源管理行为的基础，未来的考核、价值体系、薪酬战略及胜任力模型与培训体系都离不开它。

（3）做考核体系规划　绩效考核的目的一定不是赏优罚劣，而是为了发现问题并持续改善问题。所以考核体系决定了企业持续优化的能力，从岗位职责与工作流程中可以提炼出岗位的关键考核指标，在员工入职前就应该让双方都清楚地了解岗位的关键考核点，并达成共识一同努力实现目标。

（4）做薪酬体系规划　如果说招聘是选人，考核是用人，那么薪酬就是用来留人的，企业要建立一个比较完善的薪酬分配制度，即利益分配机制，这是一个最基本的游戏规则，先有规则再请人。初创企业往往资源有限，我们需要做的是将有限的资源向那些高价值及高稀缺的岗位倾斜，从而确定部分岗位的薪酬领先、薪酬持平与薪酬跟随战略。

（5）做人力资源风险防控　俗话说“千里之堤，毁于蚁穴”，公司业务发展得再好也要防止后院起火。对初创企业来说，一次重大的劳动纠纷往往是致命的，所以风险防控务必要提前做好，建议导入人力资源风险防控流程体系，保存充分的证据链以便做到有备无患。

以上五个部分，就是初创企业发展的人力资源五大基石。除此以外，随着企业发展，还需要逐步搭建能力模型构建自己的培训体系与人才梯队，需要考虑高级别人才的股权激励方案与用人策略，形成自己的管理体系与数据系统，以便快速与资本对接等。

复盘评价

项目名称	管理你的企业	姓名		日期	
班级		团队成员			

用思维导图对任务步骤进行总结，每个步骤均需体现出自己实践的内容。

评价指标	评价要素	分值	自我评价 30%	组内互评 30%	教师评价 40%
任务执行	是否认真思考，是否在规定时间内完成全部任务	15			
企业管理	能否运用市场营销知识制定企业的 STP 战略和营销组合策略；能否通过财务“三张表”合理进行财务管理；能否运用人力资源知识进行企业的选才、育才、留才管理	35			
技能提升	是否掌握了产品策略、价格策略、促销策略、分销策略；是否理解了财务报表内在的含义；是否掌握了初创企业人力资源管理工作	20			
沟通表达	是否表达清晰，表述恰当	15			
反思改进	在任务实施过程中是否认识到自己的优势和不足，是否有改善不足的措施和办法	15			
合计		100			

参考文献

[1] 吴月红 . 创新创业实训教程 [M] . 北京：机械工业出版社，2021.

[2] 薄赋徭 . 创新创业基础 [M] . 北京：高等教育出版社，2021.

[3] 从子斌 . 创新创业教育 [M] . 北京：高等教育出版社，2016.

[4] 冯林 . 大学生创新基础 [M] . 北京：高等教育出版社，2017.

[5] 王艳茹 . 创新创业教程 [M] . 北京：中国铁道出版社，2020.

[6] 周欢伟 . 创新创业基础 [M] . 北京：机械工业出版社，2018.

[7] 马振峰 . 创造未来——大学生创新创业教程 [M] . 上海：同济大学出版社，2017.

[8] 曾益新 . 如何养成创新思维——学习习近平总书记关于创新思维的重要论述 [N] . 学习时报，2023-2-8（1）.

[9] 范太华 . 创新思维与创新方法 [M] . 长沙：中南大学出版社，2018.

[10] 朱捷，陈晓健，邢增东 . 市场营销 [M] . 成都：电子科技大学出版社，2020.

[11] 高中玖，毕思勇 . 市场营销 [M] . 北京：北京理工大学出版社，2020.

[12] 陈玲 . 市场营销基础 [M] . 重庆：重庆大学出版社，2021.

[13] 毕思勇 . 市场营销 [M] . 4 版 . 北京：高等教育出版社，2020.

[14] 马军红 . 每天 30 分，学点财务报表 [M] . 北京：中华工商联合出版社，2021.

[15] 万红波 . 企业财务报表分析 [M] . 兰州：兰州大学出版社，2020.

[16] 黄建春 . 人力资源管理概论 [M] . 重庆：重庆大学出版社，2019.

[17] 潘颖，周洁，付红梅 . 人力资源管理 [M] . 成都：电子科技大学出版社，2020.